Bewertung im Offenen Unterricht

So geht das!

Leistungsbeurteilung als Förderinstrument

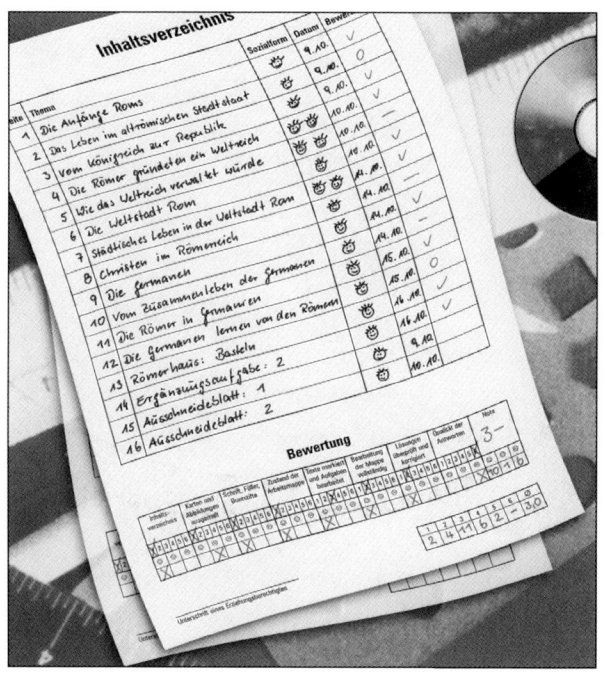

W0190335

Verlag an der Ruhr

Impressum

Titel: **Bewertung im Offenen Unterricht**
So geht das!
Leistungsbeurteilung als Förderinstrument
Autorin: Rosetta Scianna
Druck: Druckerei Uwe Nolte, Iserlohn
Verlag: **Verlag an der Ruhr**
Alexanderstraße 54 – 45472 Mülheim an der Ruhr
Postfach 10 22 51 – 45422 Mülheim an der Ruhr
Tel.: 0208/439 54 50 – Fax: 0208/439 54 39
E-Mail: info@verlagruhr.de
www.verlagruhr.de

© **Verlag an der Ruhr 2004**
ISBN 3-86072-861-X

geeignet für die Klasse | 5 | 6 | 7 | 8 | 9 | 10

Gedruckt auf chlorfrei gebleichtes Papier.

Die Schreibweise der Texte folgt der reformierten Rechtschreibung.

Inhalt

Vorwort

Liebe Kollegen*,

alle Verfahren, Tipps und Anregungen, die Sie in diesem Buch finden, sind in der Praxis erprobt und von mir überdacht, geändert und erweitert worden. Sie werden sicherlich dennoch einige Schwachstellen finden, aber suchen Sie nicht zu lange, sondern lassen Sie sich einfach darauf ein. Mithilfe dieses Bewertungsverfahrens stellte sich bei mir vor ein bis zwei Jahren erstmals das Gefühl ein, endlich Hefte und schriftliche Freiarbeitsergebnisse ausgewogen, transparent und relativ schnell bewerten zu können. Viele Eltern lobten das Beurteilungsschema, weil ihnen erstmals klar wurde, was beispielsweise an der Heftführung ihres Kindes verbessert werden müsste. Vor allem aber hat mir dieses Bewertungsverfahren die vielen Korrekturen erleichtert und mir einen Ausblick in Richtung ganzheitlicher Bewertung von Schülern gegeben. Ganzheitlich deswegen, weil in die Beurteilung, also letzten Endes auch in die Zeugnisnote, unterschiedliche Parameter eingeflossen sind, die die Schülerleistung differenziert wiedergeben.

Ganz gleichgültig, welche Kriterien Sie oder Ihr Kollegen-Team für die Beurteilung von Schülerleistungen auch festgelegt haben. Allein die Tatsache, dass Sie überhaupt verschiedene Parameter berücksichtigen, wird den geleisteten Arbeitsergebnissen Ihrer Schüler gerechter, als wenn Sie wie eh und je nach dem Altbewährten vorgehen, was immer das auch gewesen sein mag.

Vielleicht wird Ihnen diese Arbeit einige Anregungen geben, vielleicht auch etwas mehr als das. Auf jeden Fall wünsche ich Ihnen viel Erfolg bei Ihrer Umsetzung.

R. Scianna

Grundlagen

Einführung

Das vorliegende Handbuch befasst sich schwerpunktmäßig mit der Auswertung und Benotung von schriftlichen Freiarbeitsergebnissen. Im Mittelpunkt steht dabei ein Verfahren, mit dem Schülerarbeiten schnell, übersichtlich und transparent bewertet werden können.

Bewertungen sind noch nie einfach gewesen und hinterlassen in den meisten Fällen einen gewissen Unmut – sowohl auf der Seite der Beurteilten als auch auf der Seite derer, die eine Beurteilung vornehmen. Eine Ausnahme bilden Fächer oder Themen, bei denen klare Vorgaben der Bewertung zu Grunde gelegt werden können, wie beispielsweise die Anzahl der Fehler bei einem Diktat oder der Herleitungsweg einer Formel in Physik. Bei der Beurteilung von Aufsätzen wird es da allerdings schon schwieriger. Dort ist die Unterteilung in Falsch und Richtig z. B. kaum möglich, was auch auf alle anderen kreativen Schreibaufgaben zutrifft.

In den letzten Jahren wurden immer mehr offene Unterrichtsformen publik, die die Schüler zur Selbstständigkeit und zu selbstorganisiertem Lernen erziehen sollen. Nicht mehr die Lehrkraft steht bei diesen offenen Unterrichtsformen tagein tagaus im Mittelpunkt des unterrichtlichen Geschehens, sondern die Schüler selbst. Eine Methode auf dem Weg dorthin ist die selbstständige Bearbeitung von Unterrichtsthemen, die sich über einen längeren Zeitraum erstrecken kann. Die Lehrkraft tritt während dieser Zeit in den Hintergrund. Sie bereitet die Materialien vor, strukturiert den Lernweg und greift während des Unterrichts nur gelegentlich helfend und unterstützend in das Geschehen ein.

Alle Arbeitsformen, in denen die Schüler eigenständig Lerninhalte be- und erarbeiten, werden zusammenfassend als „Freiarbeit" bezeichnet. Der Lernzirkel ist zurzeit wohl die bekannteste Freiarbeitsform, die in den Klassen Einzug gehalten hat und sich bei den meisten Lehrkräften und den Schülern großer Beliebtheit erfreut.[1] Diese Freiarbeitsform bringt aber, genauso wie alle anderen auch, eine recht aufwändige Vor- und Nachbereitung mit sich. Neben der Bewertung des Arbeitsverhaltens, der Organisation des Schülerarbeitsplatzes und der zeitlichen Planung bleibt am Ende schließlich ein Stapel Hefte oder Mappen mit einer mehr oder weniger umfangreichen Sammlung von Arbeitsergebnissen, die auf eine Beurteilung warten.

Als Lehrer stehen wir nach getaner Freiarbeit einer Fülle von Bewertungskriterien gegenüber, die zunächst nur schwer zu finden und zu überschauen sind, ganz zu schweigen von dem zeitlichen Aufwand der Korrekturen. Insgeheim bereuen wir dann häufig diese Arbeitsform gewählt zu haben, zumal das Thema auch im Frontalunterricht, Arbeitsblatt für Arbeitsblatt, zu bearbeiten gewesen wäre. Dies ist sicherlich eine berechtigte Überlegung, zumal auch die Vorbereitung auf eine Freiarbeitsphase sehr viel Zeit in Anspruch nimmt.

Der hohe Korrekturaufwand darf aber nicht dazu führen, dass wir die Schüler ihrer Selbstständigkeit berauben und ihnen so den Spaß am Unterricht und am Lernen, den sie jetzt erst vielleicht entdeckt haben, wieder nehmen. Zum einen, weil die meisten Schüler sehr gerne frei arbeiten und zum anderen, weil dabei weitaus mehr Lernkanäle angesprochen werden können als im Frontalunterricht.[2]

Aus dieser Motivation heraus suchte ich nach einem schnellen, einfachen, jedoch differenzierten und überschaubaren Beurteilungssystem. Mit der Zeit entwickelte ich ein Beurteilungsverfahren, mit dem die Benotung für alle Beteiligten transparenter wurde. Denn neben der Vereinfachung der Benotung für die Lehrkräfte wurde gleichzeitig eine

Evaluation für die Schüler somit auch für die Eltern möglich. Alle Beteiligten konnten gemeinsam an der Ausweitung und Förderung der Stärken oder der Verbesserung der einen oder anderen Schwäche arbeiten.

Bevor ich jedoch auf das eigentliche Beurteilungsverfahren eingehe, möchte ich Ihnen zunächst den „Arbeitsplan für die Freiarbeit" vorstellen, der Ihnen und Ihren Schülern hilft, auch dann den Überblick zu behalten, wenn innerhalb Ihrer Klasse mehrere Freiarbeitsphasen parallel verlaufen *(siehe S. 15f.)*. Anschließend gebe ich einen kurzen Überblick über die verschiedenen Formen der Freiarbeit, aus denen sich eine größere Anzahl von schriftlichen Arbeitsergebnissen ergeben kann.

---

[1] Erwähnt werden muss an dieser Stelle, dass die Schüler zuvor Arbeitstechniken erlernen müssen, die ein selbstständiges Arbeiten erst möglich machen. Ich verweise hier auf einschlägige Literatur, die im Anhang nachgeschlagen werden kann.

[2] Der Frontalunterricht hat sicherlich im Unterricht seine Berechtigung. Sein Anteil sollte jedoch überdacht und reduziert werden.

Formen der Freiarbeit

Als „Freiarbeit" werden alle Arbeitsformen verstanden, in denen die Schüler selbstständig und gezielt an vorgegebenen oder auch selbst entwickelten Aufgabenstellungen arbeiten. Dabei kann die Zeitspanne mehrere Stunden oder sogar Wochen umfassen. Freiarbeit kann allerdings auch innerhalb einer einzelnen Stunde stattfinden oder sich im Extremfall über ein ganzes Schuljahr erstrecken. Dies hängt von der jeweiligen Intention der Freiarbeit ab. „Freie" Rechtschreib- oder Mathematikübungen können beispielsweise wöchentlich stattfinden. Zu einer Freiarbeitsstunde/-phase kann eine bestimmte Deutsch- oder Mathematikstunde gewählt werden. Diese wird dann zu einer festen Einrichtung. In einer solchen Freiarbeitsstunde können die Schüler beispielsweise regelmäßig Grundrechenarten bzw. die Groß- und Kleinschreibung wiederholen, also dauerhaft zu festigende Inhalte üben. Diese Form der Freiarbeit kann sich sogar über mehrere Jahrgangsstufen erstrecken und dient dazu wichtige Grundlagen beständig einzuüben. Für diese Form von Übungen eignen sich sehr gut Karteikartensysteme.

Während der Freiarbeit sind alle gängigen Sozialformen möglich:

      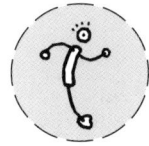

Gruppenarbeit   ***Partnerarbeit***   ***Einzelarbeit***

Die beliebtesten Sozialformen bei Schülern sind in der Regel die Partner- und die Gruppenarbeit.[3]

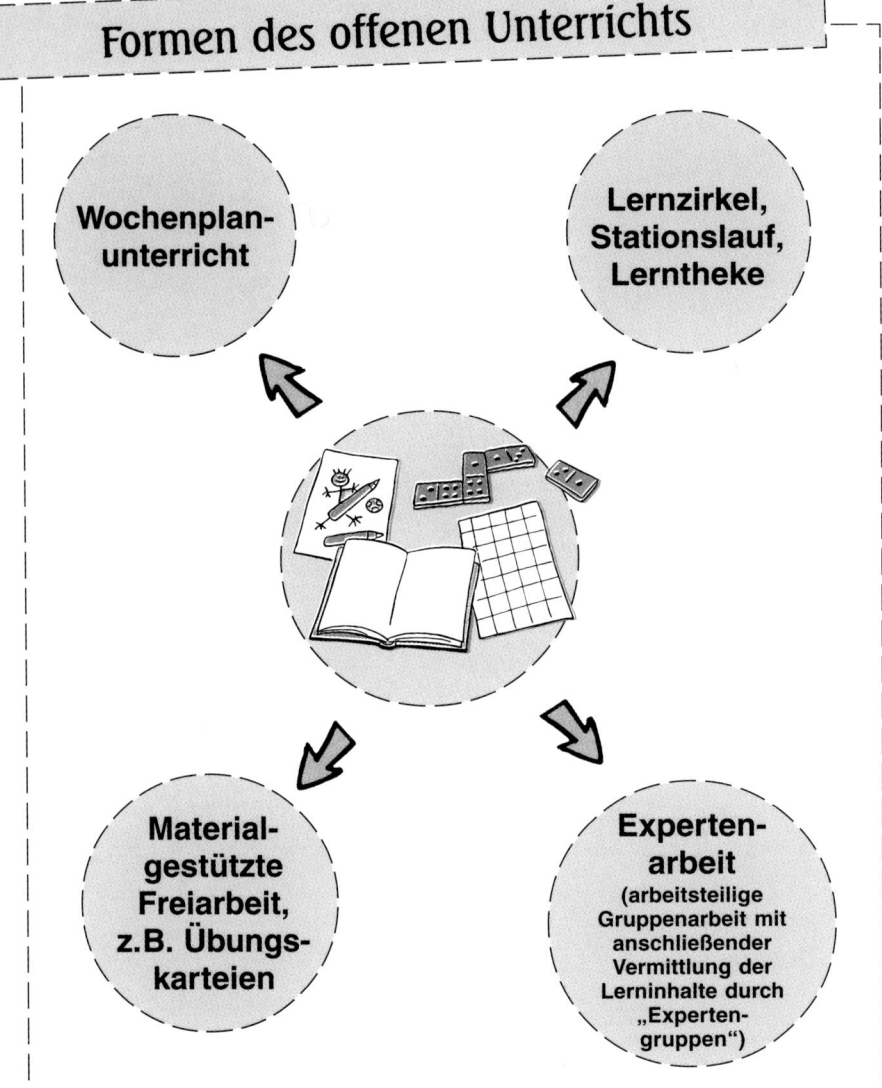

Formen des offenen Unterrichts

Wochenplan-
unterricht

Lernzirkel,
Stationslauf,
Lerntheke

Material-
gestützte
Freiarbeit,
z.B. Übungs-
karteien

Experten-
arbeit
(arbeitsteilige
Gruppenarbeit mit
anschließender
Vermittlung der
Lerninhalte durch
„Experten-
gruppen")

Die Übersicht stellt gängige Formen des Offenen Unterrichts dar mit
Schwerpunkt auf der freien Arbeit. Beispielhaft werden einige davon
auf den folgenden Seiten genauer beschrieben.

Arbeitsplan für die Freiarbeit

Unter dem „Arbeitsplan für die Freiarbeit" ist eine Art Übersichtsplan zu verstehen, der möglichst bei allen Freiarbeitsformen, die über einen längeren Zeitraum verlaufen, eingesetzt werden sollte. Die Kinder erhalten mit diesem Arbeitsplan eine Übersicht, in der die jeweiligen Abgabetermine und sonstige Informationen aufgeführt sind. Dieser Plan ist nicht mit dem Wochenplan zu verwechseln, der sich in der Regel – wie der Name schon sagt – über eine Schulwoche erstreckt. Die Termine in dem „Arbeitsplan für die Freiarbeit" können ein ganzes Schuljahr oder auch nur eine Woche umfassen. Mithilfe des Arbeitsplans können manchen Kindern auch Hinweise zu individuellen Lernhilfen oder zur Lernhilfenerweiterung gegeben werden. Damit wird ein binnendifferenziertes Arbeiten möglich.

Ohne einen solchen Arbeitsplan verlieren die Schüler und auch Sie selbst sehr schnell den Überblick über die zeitliche Koordination – vor allem dann, wenn in anderen Fächern Freiarbeitsphasen hinzukommen oder bereits laufen. Für meine 6. Klasse beispielsweise hatte ich einen Übersichtsplan vergrößert an die Pinnwand angebracht und eine verkleinerte Version den Kindern ausgeteilt, die in ihr Hausaufgabenheft geklebt wurde. Damit waren sowohl die Kinder als auch die Eltern über den zeitlichen Ablauf und den Abgabetermin informiert.

In **Abb. 1** *(S. 16)* sehen Sie einen solchen Übersichtsplan für drei Freiarbeitsphasen in den Fächern Gesellschaftslehre, Mathematik und Deutsch.

Die Freiarbeit in Gesellschaftslehre begann am Donnerstag, den 7.3. Die Kinder hatten für die Bearbeitung drei Wochen Zeit. Der Abgabetermin für die schriftlichen Ergebnisse war für Dienstag, den 12.3., angesetzt. Parallel arbeiteten die Schüler bereits seit drei Tagen an Übungsaufgaben im Fach Mathematik, die sie bis zum 11.3. beendet haben sollten. In Deutsch erhielten die Kinder einen kleinen Lernzirkel zum Thema s-Laute, für den sie zwei Wochen Zeit hatten. Der Abgabetermin war für den 22.3. festgesetzt.

Es ist sehr zu empfehlen, den einzelnen Fächern die Farben der Heftumschläge zuzuordnen, damit den Schülern eine schnelle visuelle Zuordnung der Fächer möglich ist. Um Datum und sonstige Hinweise notieren zu können, ist es ratsam die Zeilen mit Buntstiften auszumalen. Das können die Schüler selbst übernehmen, da die große Übersicht die auszumalenden Felder vorgibt.

Arbeitsplan zur Freiarbeit

Fach	MO	DI	MI	DO	FR	SA	SO	MO	DI	MI	DO	FR	SA	SO	MO	DI	MI	DO	FR	SA	SO
GL		5.3.		7.3.	8.3.			11.3.	12.3.							22.3.					
M																					
D																					

Abb. 1

Karteikartensystem

Karteikartensysteme eignen sich sehr gut für lang geplante Freiarbeitsvorhaben. Sie sind zweifelsohne wohl die ältesten und populärsten Formen der Freiarbeitsmaterialien. Den erfolgreichen Einzug in die Klassenräume verdanken sie

⇨ dem geringen Platzbedarf im Klassenraum,

⇨ ihrem Format, da auf einer A5-Karte nur eine begrenzte Stoffmenge Platz hat,

⇨ ihrer „Rückseite", die für Lösungen oder auch für Ergänzungsaufgaben genutzt werden kann,

⇨ ihrer Überschaubarkeit, da die Schüler nicht so schnell den Überblick zur gestellten Aufgabe verlieren (in der Regel eine Aufgabenstellung pro Karte),

⇨ der kleinschrittigen Bearbeitungsmöglichkeit eines größeren Themas.

Viele solcher Karteikartensysteme werden bereits mit Übersichtstabellen versehen, die den Schülern eine Orientierung über die bereits geleistete Arbeit ermöglichen. Eine Bewertung der Arbeitsergebnisse wird bei dieser Form erschwert, wenn sich die Bearbeitung der Karteikartensysteme über längere Zeiträume erstreckt. Wir stehen als Lehrer am Ende einer nahezu unüberwindbaren Anzahl von schriftlichen Arbeitsergebnissen gegenüber, die in irgendeiner Form bewertet werden müssen. In diesem Fall ist es ratsam, die dafür vorgesehenen Hefte oder Mappen in regelmäßigen Abständen mithilfe des noch vorzustellenden Bewertungsverfahrens zu überprüfen und zu bewerten.

Stationslauf/Lernzirkel

In den letzten Jahren erfreut sich vor allem der Lernzirkel bzw. Stationenlauf großer Beliebtheit. Mein Einstieg in die Freiarbeit fand über einen Stationenlauf statt, bei dem ich erstmals erlebten durfte, wie motiviert, engagiert und konzentriert meine Schüler an einem Thema arbeiteten. Das Prinzip ist eigentlich sehr einfach: Der Stoff einer Unterrichtseinheit wird auf mehrere Stationen aufgeteilt. An diesen Stationen bearbeiten die Schüler verschiedene Aufgaben nacheinander, die alle zu dem gewählten Themenkomplex gehören, dabei jedoch unterschiedliche Aspekte des Themas abdecken.

▷ Die Schüler arbeiten über einen längeren Zeitraum (mehrere Unterrichtsstunden) selbstständig an einzelnen Stationen. Aus diesem Grund müssen
  • alle Arbeitsanweisungen genauestens formuliert werden,
  • Nachschlagewerke im Klassenraum vorhanden sein,
  • alle notwendigen Materialien frei verfügbar sein und
  • die Arbeitstische und Materialien den Schülern frei zugänglich sein.

▷ Alle Schüler erhalten einen Laufzettel, der sie durch die Stationsarbeit lotst.
  • Auf dem Laufzettel werden die erledigten Stationen abgehakt.
  • Hinweise und/oder zusätzliche Materialien müssen auf Arbeitsblättern vermerkt und bereitgestellt werden.
  • Zu allen Aufgaben sollten Lösungsvorschläge vorhanden sein, damit eine Selbstkontrolle der Schüler möglich ist.

Motivierend – und auch die Teamfähigkeit fördernd – ist bei Freiarbeit die veränderliche Sozialform innerhalb eines Klassenraums und innerhalb einer einzelnen Stunde. Es ist immer wieder ein Highlight für mich zu sehen, wie gut Schüler in der Lage sind, sich bereits in kürzester Zeit zu organisieren. Sie wählen Partner, bilden kleinere Arbeitsgruppen und suchen sich Arbeitsplätze, an denen sie in „Ruhe" arbeiten können.

Heute noch bin ich immer wieder von diesen Fähigkeiten, diesem Engagement und dieser Begeisterung fasziniert.

Werkstattarbeit

Bei der Werkstattarbeit arbeiten die Kinder/Jugendlichen über einen längeren Zeitraum unter verschiedenen Gesichtspunkten an einer ihnen gestellten Aufgabe oder an einem übergeordneten Thema. Dabei lernen sie den Umgang mit bestimmten Werkzeugen und Arbeitsmaterialien. In der Biologie oder Chemie können dies die fachspezifischen Arbeitsgeräte und Materialien sein. In der Holzwerkstatt wären dies z.B. die Säge, der Hammer usw. und im Kunstraum Farben, Pinsel, Kleister und dergleichen. Im Fach Deutsch gehört wohl das produktionsorientierte Arbeiten mit Gedichten oder Märchen usw. zur Werkstattarbeit. Das Besondere der Werkstattarbeit ist, dass die Schüler – wie in einer echten Werkstatt auch – alle an unterschiedlichen Aufträgen arbeiten bzw. unterschiedliche Teilaufgaben übernehmen, und das Thema/die Aufgabe von verschiedenen Aspekten her bearbeiten. Der Werkstattunterricht ermöglicht nicht nur ein fächerübergreifendes Arbeiten, sondern auch ein gemeinsames Arbeiten verschiedener Jahrgänge.

Die Schüler lernen auch bei der Werkstattarbeit sich den Lernstoff aktiv anzueignen, indem sie ihre Arbeitsaufträge selbst erarbeiten, ihre Arbeitsergebnisse kontrollieren und vergleichen.

Planung und Durchführung einer solchen Werkstattarbeit kann von allen Beteiligten, also auch den Schülern selbst, vorgenommen werden. Der Arbeitsschwerpunkt liegt ganz klar in der handlungsorientierten, produktionsorientierten Ausrichtung und dem Erlernen bzw. Kennenlernen fachspezifischer Materialien und Arbeitstechniken.

Bei verschiedenen Schulbuch- oder Lehrmittelverlagen finden sich oft Materialien, die als Werkstatt ausgewiesen werden. Bei genauerem Hinsehen stellt man jedoch fest, dass es sich hier um Lernstationen/ Lernzirkel handelt. Die Begrifflichkeiten sind hier nicht ganz klar voneinander abgegrenzt und gehen oft ineinander über.

Thematische Arbeitsmappe

Auch mithilfe einer thematischen Arbeitsmappe haben die Schüler die Möglichkeit, sich ein Thema selbstständig zu erschließen. Das Prinzip ist einfach: Zu einem Unterrichtsthema wird begleitendes Arbeitsmaterial bereitgestellt, das in einer Arbeitsmappe gesammelt wird.

Die Materialien und Arbeitsblätter in dieser Mappe können entweder aufeinander aufbauen oder in sich geschlossen vorliegen. Dabei beschäftigt sich jedes Arbeitsblatt innerhalb eines Großthemas mit einem bestimmten Teilbereich. Um mit diesen Arbeitsmappen dennoch selbstständig arbeiten zu können, müssen die Aufgabenstellungen so formuliert sein, dass die Schüler, vor allem in den unteren Jahrgängen, genaue Arbeitsanweisungen erhalten, welche Materialien sie benötigen und wo sie schriftliche Zusatzeintragungen vornehmen müssen etc. Ist dies nicht der Fall, müssen durch Zusatzinformationen, z. B. auf einem Orientierungs- oder Informationsbogen, solche Lücken geschlossen werden.

Bei der Bearbeitung von Arbeitsmappen ist es sinnvoll, den Schülern zur Selbstkontrolle Lösungsvorschläge bereitzustellen. Die Beurteilung der Freiarbeitsergebnisse kann je nach Art der formulierten Aufgabenstellungen sehr variieren. Diese ist bei Lückentexten, Kreuzworträtseln u. ä. leicht realisierbar. Schwierig wird es bei Aufgabenstellungen, die individuelle Lösungen fordern im Sinne von „Nimm Stellung zu folgender Aussage: ...". So muss bei Stellungnahmen eine „Qualitätsbewertung" in das Bewertungsschema mit einfließen.[4]

Die Gruppenarbeit

Eine sehr wichtige Sozialform innerhalb der Freiarbeit ist das Arbeiten in Gruppen. Die Gruppenarbeit ist wohl die Königsdisziplin innerhalb der Freiarbeit, da sie den Kindern sehr unterschiedliche methodische und soziale Kompetenzen abverlangt: Recherchieren, diskutieren, planen, verwalten, präsentieren, zuhören, mitteilen, Fehler eingestehen und einbeziehen sind nur einige Lernziele, die die Gruppenarbeit einschließt.

Der Weg zu einer effizienten Teamarbeit ist langwierig und mühsam, aber das Ergebnis lohnt uneingeschränkt die Mühe, die Sie sich mit Ihren Schülern machen. Empfehlenswert ist es, in den Jahrgängen 5/6 mithilfe einer effizienten Partnerarbeit das Kleingruppenverhalten zu trainieren. Achten Sie immer darauf, dass die Kinder auch tatsächlich zusammenarbeiten. Weisen Sie sie immer wieder darauf hin. Verdeutlichen Sie ihnen, dass Sie Wert auf den Austausch legen und eine thematische Auseinandersetzung wünschen. Nur so wird den Schülern die Bedeutung des Gespräches über eine Fragestellung bewusst. Wenn Sie Gruppen- oder Partnerarbeit als Sozialform vorgeben, sich aber nicht weiter darum kümmern, ob tatsächlich gemeinsam gearbeitet wird, werden viele Kinder den einfacheren Weg der Einzelarbeit wählen. Dies trifft vor allem dann zu, wenn leistungs- differente Schüler an einem Tisch sitzen. Es liegt an Ihnen, die Kommunikation anzuregen und damit den Weg für eine spätere effiziente Gruppenarbeit zu ermöglichen.

3 In den Jahrgängen 5/6 sollten die Schüler zunächst an eine effektive Partnerarbeit herangeführt werden.

4 „Beurteilung von thematischen Arbeitsmappen" *(S. 86)*

Die Beurteilung

Das Beurteilungs-
verfahren

Das hier vorgestellte Beurteilungsverfahren beruht auf sieben bis
acht Beurteilungskriterien, die jeweils mit den drei verschiedenen
Stimmungssmilies ☺ ☹ ☺ versehen sind. Je nachdem wie ein
Schüler ein Kriterium erfüllt hat, kreuzt die Lehrkraft das jeweilige
Smiley an und ermittelt eine Gesamtnote mithilfe einer Berechnungstabelle. Die jeweiligen anwendungsbereiten Beurteilungsschemata,
(wie in **Abb. 2**, *S. 25)* befinden sich auf der CD, sodass Sie diese ganz
individuell Ihren Bedürfnissen nach verändern bzw. anpassen können.
Anschließend müssen Sie die Vorlagen nur noch kopieren oder aus-
drucken, ausschneiden und bei Bedarf in das Heft oder die Mappe
einkleben.
Wie Sie bei der Beurteilung vorgehen, fasse ich an dieser Stelle
zunächst zur ersten Orientierung skizzenhaft zusammen, und gehe
dann in den folgenden Unterkapiteln näher darauf ein *(s.S. 29f.)*.

⇨ Verteilung der Smilies
⇨ Zusammenzählen der gleichen Smilies
⇨ Zuordnung in eine Notenspalte zu den jeweils
   passenden Smilies
⇨ Berechnung der Note mithilfe der Berechnungstabelle
   (**Abb. 5**, *S. 29)*
⇨ Abwägen der Note

Abb. 2

Beurteilung des Stationenlaufs:

Datum:

	☺	☺	☹
Laufzettel geführt			
Stationsüberschriften hervorgehoben			
Schrift, Rand, Lineal benutzt			
Angefangene Stationen beendet			
Arbeitsblätter abgeheftet oder eingeklebt			
Lösungen überprüft und korrigiert			
Pflichtstationen bearbeitet			
Zusatzstationen geschafft			
Note			

Abb. 3

Datum:

	☺	☺	☹
Inhaltsverzeichnis			
Schrift, Mühe gegeben			
Rand eingehalten			
Datum vollständig			
Überschriften unterstrichen			
Hervorhebungen, Markierungen			
Zeichnungen			
Heftzustand			
Note			

Beurteilungskriterien

Ganz gleichgültig welches Fach Sie unterrichten oder welches Thema Sie bearbeiten, die Grundprinzipien der Beurteilungen ähneln sich letztlich immer.
Setzen wir eine Selbstkontrolle der Arbeitsergebnisse voraus, ergeben sich folgende Bewertungskriterien:

➪ **Orientierungsbogen, Laufzettel oder Übersichtsplan geführt**

➪ **Schrift**

➪ **Datum eingetragen**

➪ **Lineal benutzt**

➪ **Rand eingehalten**

➪ **Überschriften, Stationsnummerierungen usw. unterstrichen und hervorgehoben**

➪ **Aufgaben vollständig**

➪ **Lösungen überprüft und korrigiert**

➪ **Pflichtaufgaben erfüllt**

➪ **Zusatzaufgaben/Differenzierungsaufgaben bearbeitet**

Das eine oder andere Bewertungskriterium kann je nach Bedarf weggelassen oder auch hinzugefügt werden.
Viele der oben aufgeführten Kriterien sollten den Kindern bekannt bzw. zuvor mit ihnen trainiert worden sein. Das Führen eines Heftes sollte möglichst im Jahrgang 5 besprochen und eingeübt werden.
Bei der eigenverantwortlichen Überprüfung von Arbeitsergebnissen müssen Sie den Schülern ein gewisses Maß an Vertrauen entgegenbringen.

Sie dürfen nicht der Angst verfallen, die Schüler könnten nur noch die Ergebnisse abschreiben. Mit diesen Ängsten mutieren wir Lehrer irgendwann zu „Wachhunden". Der Stressfaktor während des Unterrichts wäre dann immens hoch. Wie die Überprüfung kognitiver Lernziele nach einer Freiarbeitsphase ermittelt werden kann, wird unter **„Beurteilungsverfahren bei der Gruppenarbeit"** *(S. 40ff.)* näher erläutert. Es sei jedoch vorweggenommen, dass letztlich der Schwerpunkt der Freiarbeit viele Lernziele verfolgt, die sich nicht immer kurzfristig messen lassen, z. B. der Umgang mit Nachschlagewerken oder die Kommunikationskompetenz.

Gewichtungen

Selbstverständlich kann die Schrift der Schüler nicht genauso stark gewichtet werden wie beispielsweise die Erledigung der Pflichtaufgaben oder die selbstständige Überprüfung der Arbeitsergebnisse. Die Gewichtung ist von dem jeweiligen Schwerpunkt, der in einer Jahrgangsstufe oder bei einem bestimmten Lerninhalt verfolgt wird, abhängig. In einer 5. Klasse kann der Schwerpunkt durchaus auf der Schrift, der Benutzung eines Lineals, dem Unterstreichen der Überschrift oder der Einhaltung des Randes, liegen. In diesem Fall empfiehlt es sich, diese Bewertungskriterien gleich stark zu gewichten.

Die **Abb. 2** *(S. 25)* zeigt ein Heftbeurteilungsschema für die Jahrgangsstufe 5. Die Gewichtung ist bei allen Kriterien einheitlich. In den höheren Klassen kann die Heftbeurteilung in dem einen oder anderen Punkt unterschiedlich gewichtet werden und/oder es können inhaltliche Aspekte hinzukommen, wie die qualitativen, schriftlichen Beiträge bei der Erledigung der Haus- oder Schulaufgaben. Diesem Punkt sollte dann eine höhere Gewichtung beigemessen werden. Näheres zur differenzierten Gewichtung wird unter **„Berechnung bei unterschiedlicher Gewichtung"** *(S. 31)* aufgeführt.

Zur Heftführung sei noch bemerkt, dass unabhängig von der Klassenstufe sehr konsequent auf Schrift, Rand usw. geachtet werden sollte, da Kinder oft dazu neigen, den uns so bekannten „Schlendrian" aufkommen zu lassen, wenn gewisse Grundregeln zur Heftführung nicht mehr regelmäßig überprüft werden. Diese Nachlässigkeit geht häufig auch zu Lasten des Inhalts. Die Heftführung muss wieder nach Klasse, Jahrgang und Schulform differenziert werden. Es liegt im Ermessen der Lehrkraft, diese nicht mehr überprüfen zu müssen.

Berechnung und endgültige Bewertung

Bei der Bewertung der einzelnen Kriterien sollten Sie nicht auf die Notenskala von 1 bis 6 zurückgreifen, da sie am Ende der Beurteilung keinen großen pädagogischen Spielraum zulässt. Es fällt auch leichter sich zunächst an einer Dreierbewertung zu orientieren, wie in **Abb. 3** *(S. 25)* deutlich wird.

Die Wahl der Bewertungssymbole – hier Smilies – statt anderer Bewertungszuordnungen ist insofern berechtigt, als diese für die Schüler motivierender und anschaulicher sind als die altbekannten Ziffern, denn: Ein Bild sagt mehr als tausend Worte/Zahlen. In höheren Klassen können die Smilies durch die vertrauten Zeichen +, 0 und – ausgetauscht werden.

Werden alle Kriterien einer Heftbeurteilung gleich gewichtet, wird die Endnote wie in der folgenden **Abb. 4** berechnet.

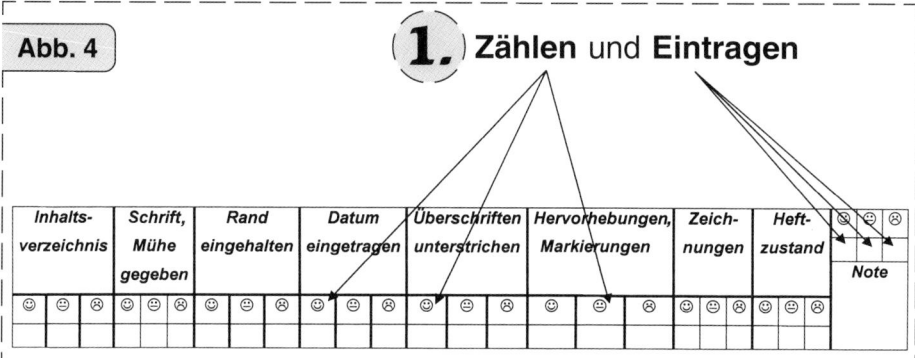

Abb. 4

1. **Zählen** und **Eintragen**

Inhalts-verzeichnis	Schrift, Mühe gegeben	Rand eingehalten	Datum eingetragen	Überschriften unterstrichen	Hervorhebungen, Markierungen	Zeich-nungen	Heft-zustand	Note
☺ ☺ ☹	☺ ☺ ☹	☺ ☺ ☹	☺ ☺ ☹	☺ ☺ ☹	☺ ☺ ☹	☺ ☺ ☹	☺ ☺ ☹	

2. **Ablesen anhand der Berechnungstabelle (Abb. 5)**

Bewertung der Smilies: Anzahl ☺ x 1,5

Anzahl ☺ x 3,5

Anzahl ☹ x 5,5

Abb. 5 **Berechnungstabellen**

☺	☺	☹
1 x 1,5 = 1,5	1 x 3,5 = 3,5	1 x 5,5 = 5,5
2 x 1,5 = 3,0	2 x 3,5 = 7,0	2 x 5,5 = 11,0
3 x 1,5 = 4,5	3 x 3,5 = 10,5	3 x 5,5 = 16,5
4 x 1,5 = 6,0	4 x 3,5 = 14,0	4 x 5,5 = 22,0
5 x 1,5 = 7,5	5 x 3,5 = 17,5	5 x 5,5 = 27,5
6 x 1,5 = 9,0	6 x 3,5 = 21,0	6 x 5,5 = 33,0
7 x 1,5 = 10,5	7 x 3,5 = 24,5	7 x 5,5 = 38,5
8 x 1,5 = 12,0	8 x 3,5 = 28,0	8 x 5,5 = 44,0

3. **Berechnung der Note**

Siehe das folgende „Anwendungsbeispiel" *(S. 30)*

Anwendungsbeispiel

Eine Schülerin hat für die vorliegenden Bewertungskriterien ihres Deutschheftes folgende Beurteilung erhalten:

Abb. 6

Inhalts-verzeichnis			Schrift			Rand eingehalten			Datum eingetragen			Überschriften unterstrichen			Hervorhebungen, Markierungen			Zeich-nungen			Heft-zustand			☺ 5	☺ 3	☻ 0
☺	☺	☻	☺	☺	☻	☺	☺	☻	☺	☺	☻	☺	☺	☻	☺	☺	☻	☺	☺	☻	☺	☺	☻			Note
X			X		X				X					X			X		X		X					

1. Sie erhält 5 x ☺ und 3 x ☺

2. Zuordnung zur Notenskala:

5 ☺ ≙ 5 x 1,5 = 7,5

3 ☺ ≙ 3 x 3,5 = 10,5

0 ☻ ≙ 0

3. Berechnung der Note durch Addition der Ergebnisse:

7,5 + 10,5 = 18 ← Gesamtnotenwert

18 : 8 = 2,25

Insgesamt konnten 8 Smilies vergeben werden – einer pro Kriterium.

Note: **2,25**

Am Ende kann die Note immer noch auf- oder abgerundet werden. Dies ist der pädagogische Spielraum, den man sich nicht nehmen lassen sollte, denn schließlich haben Sie „nur" mit Bereichen gearbeitet. Sie können am besten beurteilen, ob das Heft der Schülerin im Gesamtüberblick einer 2, 2– oder doch eher einer 3+ entspricht. Anschließend wird der Beurteilungsbogen in das Heft geklebt und von den Eltern unterschrieben.

Berechnung bei unterschiedlicher Gewichtung

In der **Abb. 3** *(S. 25)* haben wir mit gleichgewichteten Beurteilungskriterien gearbeitet, d. h. die Schrift der Schüler wurde beispielsweise
mit dem Zustand ihres Heftes gleichgestellt. In den meisten Fällen
müssen wir jedoch unterschiedliche Kriterien auch differenzierter
bewerten.

Das Maß der Bewertung spiegelt sich in der Anzahl der Smilies wieder,
demnach müssen sich diese entsprechend der Gewichtung vermehren.
Wie ein solches Beurteilungsschema aussehen kann, zeigt die **Abb. 7**.
Oberhalb der Stimmungssmilies befindet sich eine Skala von 1 bis 6,
die mögliche Gewichtungen angibt. Es ist auch möglich, auf diese
Skala zu verzichten und direkt in das jeweilige Smiliekästchen eine
Zahl zu schreiben, die die Gewichtung für die Schüler transparent
werden lässt.

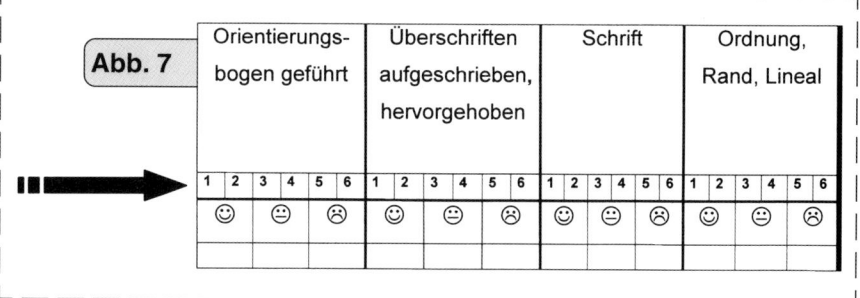

Die Berechnungstabelle **Abb. 5** *(S. 29)* muss selbstverständlich auch
erweitert werden, da bei bisher acht Kriterien nun nicht mehr acht,
sondern eine Vielzahl von Smilies diesen zugeordnet werden können.
Für jedes einzelne Cluster können nun so viele Smilies vergeben werden,
wie Sie meinen dieses Kriterium gewichten zu müssen. Es bleibt Ihnen
überlassen, ob Sie nun einen oder sechs Smilies vergeben möchten.

Bei der Korrektur von Schülerergebnissen verfahren Sie wie in den vorigen Kapiteln dargestellt: Sie verteilen die entsprechenden Smilies, fassen identische Smilies entsprechend ihrer Gewichtung zusammen und tragen diese in die entsprechende Spalte mit dem passenden Smiley ein.

Mithilfe der Berechnungstabelle berechnen Sie den Gesamtnotenwert und dividieren diesen durch die Anzahl der insgesamt zu erreichenden Smilies.

Das folgende „**Anwendungsbeispiel**" verdeutlicht Ihnen den eben beschriebenen Vorgang.

Anwendungsbeispiel

Ein Schüler hat bei einem Lernzirkel die angekreuzte Beurteilung (**Abb. 8,** *S. 33)* erhalten. Die Lehrkraft hatte zuvor die Gewichtungen (grau unterlegt) bereits vorgegeben.

Legen wir die Bewertungstabellen aus **Abb. 9** *(S. 34)* zu Grunde, ergibt sich folgende Berechnung:

 Zählen und **Eintragen**

1 x ☺ 4-mal gewichtet = 4 ☺
1 x ☺ 6-mal gewichtet = 6 ☺ } 10 ☺

2 x ☺ 2-mal gewichtet = 4 ☺
1 x ☺ 3-mal gewichtet = 3 ☺ } 13 ☺
1 x ☺ 6-mal gewichtet = 6 ☺

1 x ☹ 4-mal gewichtet = 4 ☹
1 x ☹ 3-mal gewichtet = 3 ☹ } . 7 ☹

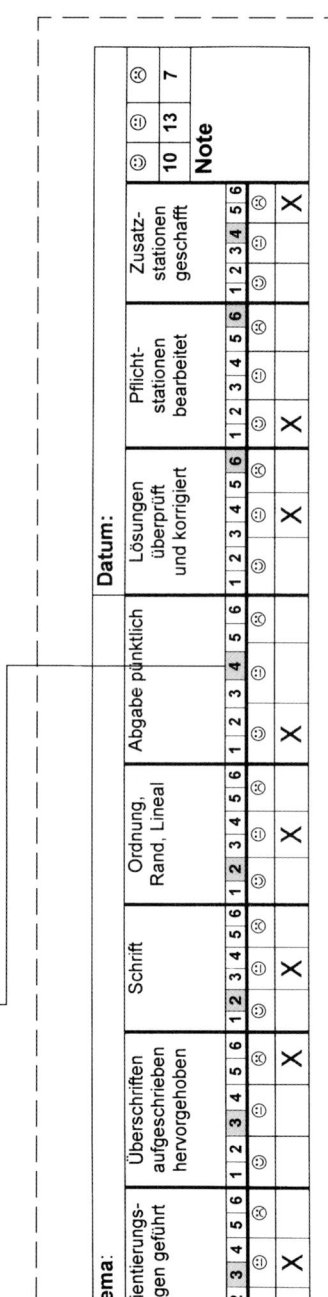

Abb. 8

2. Ablesen anhand der Berechnungstabelle

10 lachende Smilies ≙ 15,0
13 ernste Smilies ≙ 45,5
7 traurige Smilies ≙ 38,5
—————
99,0
▲
Gesamtnotenwert

3. Berechnung der Note

Insgesamt sind
30 Smilies vergeben
worden.

99,0 : 30 = 3,3

Note: 3,3 ≈ **3–**

Der Schüler würde für die Erarbeitung seines Lernzirkels die Note 3– erhalten. Auch hier haben Sie das letzte Wort und können pädagogisch entscheiden, ob die Schülerleistung nicht eher eine glatte 3, eine 3– oder sogar eine 4+ ist.

Abb. 9

Berechnungstabellen

☹			
1 × 5,5	=	5,5
2 × 5,5	=	11,0
3 × 5,5	=	16,5
4 × 5,5	=	22,0
5 × 5,5	=	27,5
6 × 5,5	=	33,0
7 × 5,5	=	38,5
8 × 5,5	=	44,0
9 × 5,5	=	49,5
10 × 5,5	=	55,0
11 × 5,5	=	60,5
12 × 5,5	=	66,0
13 × 5,5	=	71,5
14 × 5,5	=	77,0
15 × 5,5	=	82,5
16 × 5,5	=	88,0
17 × 5,5	=	93,5
18 × 5,5	=	99,0
19 × 5,5	=	104,5
20 × 5,5	=	110,0
21 × 5,5	=	115,5
22 × 5,5	=	121,0
23 × 5,5	=	126,5
24 × 5,5	=	132,0
25 × 5,5	=	137,5

☐			
1 × 3,5	=	3,5
2 × 3,5	=	7,0
3 × 3,5	=	10,5
4 × 3,5	=	14,0
5 × 3,5	=	17,5
6 × 3,5	=	21,0
7 × 3,5	=	24,5
8 × 3,5	=	28,0
9 × 3,5	=	31,5
10 × 3,5	=	35,0
11 × 3,5	=	38,5
12 × 3,5	=	42,0
13 × 3,5	=	45,5
14 × 3,5	=	49,0
15 × 3,5	=	52,5
16 × 3,5	=	56,0
17 × 3,5	=	59,5
18 × 3,5	=	63,0
19 × 3,5	=	66,5
20 × 3,5	=	70,0
21 × 3,5	=	73,5
22 × 3,5	=	77,0
23 × 3,5	=	80,5
24 × 3,5	=	84,0
25 × 3,5	=	87,5

☺			
1 × 1,5	=	1,5
2 × 1,5	=	3,0
3 × 1,5	=	4,5
4 × 1,5	=	6,0
5 × 1,5	=	7,5
6 × 1,5	=	9,0
7 × 1,5	=	10,5
8 × 1,5	=	12,0
9 × 1,5	=	13,5
10 × 1,5	=	15,0
11 × 1,5	=	16,5
12 × 1,5	=	18,0
13 × 1,5	=	19,5
14 × 1,5	=	21,0
15 × 1,5	=	22,5
16 × 1,5	=	24,0
17 × 1,5	=	25,5
18 × 1,5	=	27,0
19 × 1,5	=	28,5
20 × 1,5	=	30,0
21 × 1,5	=	31,5
22 × 1,5	=	33,0
23 × 1,5	=	34,5
24 × 1,5	=	36,0
25 × 1,5	=	37,5

Qualitätskriterien

Ende der sechsten und mit Beginn der siebten Klasse[5] nimmt das Qualitätskriterium bei der Bewertung eine immer größere Rolle ein. Vor allem dann, wenn offene Unterrichtsformen emanzipatorischen Charakter zu den bisher bekannten Unterrichtsformen erzielen sollen. Aus diesem Grund kann nicht oft genug die Bedeutung der Freiarbeit und vor allem ihrer Bewertung in allen denkbaren Kategorien hervorgehoben werden. Die Schüler müssen dabei systematisch angeleitet und unterstützt werden.

Mit der Einführung des Qualitätskriteriums erhalten Sie eine umfassende, detaillierte, angepasste und faire Bewertung der schriftlichen Freiarbeitsergebnisse, wodurch die Freiarbeit auf jeden Fall eine hohe qualitative Aufwertung erfährt.

Qualität im Offenen Unterricht sichern

Ein Lernzirkel, eine thematische Arbeitsmappe oder eine thematische Arbeitskartei muss für die Schüler lehrreich und zugleich motivierend sein. Sie müssen bei allen Formen des Offenen Unterrichts Ihre Schüler jedoch auch herausfordern und ihre methodische Kompetenz sichern und erweitern. Sie müssen die Teamfähigkeit der Schüler fördern und sie auf den Beruf und das Leben vorbereiten. Wenn Sie diese Lernziele nicht im Blick behalten, kann jede Form des Offenen Unterrichts schnell zu einem „lockeren" Zeitvertreib mit nettem Geplauder und vielen Freiräumen verkümmern. Natürlich haben auch während der Freiarbeit die Freiräume ihre Berechtigung – wie die Bezeichnung „Freiarbeit" schon sagt –, aber sie sollten nicht dominieren.

Das Qualitätskriterium verlangt den Schülern im Laufe ihrer Schullaufbahn immer mehr methodische und kognitive Kompetenzen ab, die ihnen allerdings erst vermittelt werden müssen. Dies beginnt in der Regel im 5. und 6. Jahrgang und setzt sich curricular in den darauf folgenden Klassenstufen fort.[6] Dieses Curriculum bildet die Basis zur selbstständigen Erarbeitung von Lerninhalten. Trainiert und angewendet werden diese Fähigkeiten in der regelmäßigen Auseinandersetzung mit Lerninhalten in einem Unterricht, der die Selbstständigkeit der Schüler immer wieder aufs Neue herausfordert. Unterstützt werden die Fähigkeiten durch eine transparente, faire und qualitätsorientierte Bewertung. Diese Art der Bewertung legitimiert schließlich die Freiarbeit sowie andere offene Unterrichtsformen, da sie auf die Fähigkeiten der Schüler differenziert eingeht und ihren Lernerfolg sichert.

Bewertung der Qualität

Bisher wurde bei der Beurteilung nur auf Formalien Wert gelegt, wie:
➪ Orientierungsbogen, Laufzettel oder Übersichtsplan geführt,
➪ Schrift,
➪ Datum eingetragen,
➪ Lineal benutzt,
➪ Rand eingehalten,
➪ Überschriften, Stationsnummerierungen usw. unterstrichen und hervorgehoben,
➪ Aufgaben vollständig,
➪ Lösungen überprüft und korrigiert,
➪ Pflichtaufgaben erfüllt,
➪ Zusatzaufgaben/Differenzierungsaufgaben bearbeitet.

Bei den meisten thematischen Arbeitsmappen oder Karteikarten-
systemen gibt es jedoch sehr oft Aufgabenstellungen, die von den
Schülern eine freie Textproduktion fordern und zu der es keine oder nur
grobe Lösungsvorlagen gibt. Es handelt sich meist um Aufgabenstellungen, wie sie in folgenden Fächern beispielsweise vorkommen
können:

Deutsch: *Schreibe zu den vorgegebenen Wörtern ein Elfchen.*
Erdkunde: *Beschreibe den Vorgang der Landgewinnung an der*
Nordsee.
Geschichte: *Nimm Stellung zur Rede von Willi Brandt.*
Biologie: *Erläutere dieses Versuchsergebnis.*
Mathematik: *Zeichne ein Dreieck und bestimme seine Fläche.*
Erläutere, wie du vorgegangen bist.

Grundsätzlich verläuft die Beurteilung solcher Aufgaben nach den
Kriterien Ausdruck, Vollständigkeit und Rechtschreibung und sind somit
wichtige Qualitätsparameter. Diese Parameter werden im Folgenden
unter dem Beurteilungsschema „**Qualität**" zusammengefasst. Sie haben aber auch die Möglichkeit, dieses Schema nochmals zu untertei-
len, um die Qualitätskriterien offen zu legen, womit Sie die Transparenz
Ihrer Notengebung nochmals erhöhen.

	Abgabe pünktlich	Stationen vollständig	Qualität der Antworten	☺	☺	☹
					Note	
Abb. 10	1 2 3 4 5 6	1 2 3 4 5 6	1 2 3 4 5 6			
	☺ ☺ ☹	☺ ☺ ☹	☺ ☺ ☹			

Zusammengefasste
Qualitätskriterien

▼

	Qualität der Antworten		
	Ausdruck	**Vollständigkeit**	**Rechtschreibung**
Abb. 11	☺ ☺ ☹	☺ ☺ ☹	☺ ☺ ☹

Gegliedertes Qualitätskriterium

Die Beurteilungskriterien sollten mit fortschreitender Jahrgangsstufe modifiziert werden, d.h. einige Bewertungskriterien, die in den Jahrgängen 5/6 einen Schwerpunkt bildeten, treten gewissermaßen ab dem Jahrgang 7 in den Hintergrund. Diese Vorgehensweise kann selbstverständlich je nach Schulform, Unterrichtsfach, Lerngruppe oder auch schulinternen Zielen unterschiedlich gehandhabt werden. Von den benannten Bewertungskriterien könnte in einem weiterentwickelten Bewertungsschema auf folgende Kriterien verzichtet werden:

⇨ Orientierungsbogen, Laufzettel oder Übersichtsplan geführt

⇨ Datum eingetragen

⇨ Lineal benutzt

⇨ Rand eingehalten

⇨ Überschriften, Stationsnummerierungen usw. unterstrichen und hervorgehoben

Es bleibt jedoch Ihnen überlassen, wann Sie auf das eine oder andere Kriterium verzichten bzw. es wieder einführen. Sollten Sie das Gefühl haben, dass das eine oder andere der Übung bedarf, dann scheuen Sie sich nicht, es wieder aus der Versenkung hervorzuholen. Viele Schüler neigen dazu, manch schwer erreichte Arbeitstechnik, die nicht mehr von Ihnen offenkundig verlangt wird, schleifen zu lassen. Die Gewichtung der einzelnen Qualitätskriterien muss nicht wie in der **Abb. 12** *(S. 39)* für jeden Bereich erfolgen. Die Gliederung in Ausdruck, Vollständigkeit und Rechtschreibung kann auch, wie schon beschrieben, zusammengefasst werden (**Abb. 13**, *S. 39)*. Ein gegliedertes Qualitätskriterium erleichtert Ihnen allerdings die Korrektur, weil Sie bewusster nach diesen Kriterien die Arbeiten sichten und entsprechend differenzierter die Bewertungssmilies vergeben. Die Berechnung erfolgt dann wie unter **„Berechnung bei unterschiedlicher Gewichtung"** *(S. 31 ff.)*. Sollte die Rechtschreibung eine untergeordnete Rolle spielen, dann verzichten Sie auf diesen Punkt und ersetzen ihn durch ein anderes Ihnen wichtig erscheinendes Kriterium, z.B. die Ausführlichkeit einer Antwort.

5   Ist abhängig von der jeweiligen Schulform.
    Tendenziell: IGS ab Jahrgang 7, Gymnasium ab Jahrgang 5/6.

6   Hierzu nützliche Anregungen in „Realschule Enger,
    Lernkompetenz I + II".

Bewertungsschema mit gegliedertem Qualitätskriterium

Abb. 12

Arbeitsblätter eingeklebt						Zustand des Heftes						Pflichtstationen geschafft						Zusatzstationen geschafft						Qualität der Antworten																		Note
																								Ausdruck						Vollständigkeit						Rechtschreibung						
1	2	3	4	5	6	1	2	3	4	5	6	1	2	3	4	5	6	1	2	3	4	5	6	1	2	3	4	5	6	1	2	3	4	5	6	1	2	3	4	5	6	
☺		☺		☹		☺		☺		☹		☺		☺		☹		☺		☺		☹		☺		☺		☹		☺		☺		☹		☺		☺		☹		

Bewertungsschema mit zusammengefassten Qualitätskriterien

Abb. 13

Arbeitsblätter eingeklebt						Zustand des Heftes						Pflichtstationen geschafft						Zusatzstationen geschafft						Qualität Ausdruck Vollständigkeit Rechtschreibung						Note
1	2	3	4	5	6	1	2	3	4	5	6	1	2	3	4	5	6	1	2	3	4	5	6	1	2	3	4	5	6	
☺		☺		☹		☺		☺		☹		☺		☺		☹		☺		☺		☹		☺		☺		☹		

Beurteilungsverfahren bei der Gruppenarbeit

Bewertung der Gruppenarbeit

Die Bewertung der Gruppenarbeit tangiert nur indirekt das eben besprochene Bewertungsverfahren, da bei der Gruppenarbeit nicht die Fülle an schriftlichen Arbeitsergebnissen anfällt. Dennoch soll mithilfe eines speziell auf die Gruppenarbeit angepassten Bewertungsverfahrens eine übersichtliche und transparente Beurteilung dargestellt werden. Welche Voraussetzungen zuvor geschaffen werden müssen, damit eine Klasse im Team effizient arbeitet, können Sie der einschlägigen Literatur[7] entnehmen, die ich an dieser Stelle nur empfehlen kann.

Dort erhalten Sie alle wichtigen Tipps, die Ihnen den Einstieg in die Gruppenarbeit erleichtern. Gruppenarbeitsergebnisse können durchaus auch als Klassenarbeit gewertet werden, soweit dies im Jahrgangsteam übereinstimmend abgesprochen wurde.

Gruppendynamische Aspekte

Vergessen Sie nicht, dass Sie während der Gruppenarbeit über sehr viel Zeit verfügen und diese zur Beobachtung Ihrer Schüler nutzen können. Wenn Ihre Klasse das erste Mal mit der Gruppenarbeit beginnt, wird es sicherlich etwas drunter und drüber gehen, das sollte Sie jedoch nicht davon abhalten weiterzumachen. Bedenken Sie, dass plötzlich 30 Kinder anfangen miteinander zu reden. Zwangsläufig wird es im Klassenraum lauter. Es darf allerdings auch nicht so laut werden, dass eine Kommunikation einzelner Kinder nur noch durch Schreien möglich ist. Weisen Sie die Schüler an leise zu reden. Damit ist nicht Flüstern gemeint, denn beim Flüstern kann keiner ernsthaft diskutieren. Benutzen Sie eine Glocke als Signal, wenn es zu laut geworden ist. Unterstützten Sie die Glocke durch leises Reinrufen, wie z. B. „Leiser bitte".

Geben Sie jeder Gruppe 10 Bonuspunkte und ziehen Sie bei undiszipliniertem Verhalten der gesamten Gruppe einen Punkt ab. Lassen Sie die letztendlich „erreichten" bzw. übrig gebliebenen Punkte dieses Bonusverfahrens in die Gesamtwertung mit einfließen. Sie werden sehen, dass die Kinder darauf reagieren und anfangen sich in der Gruppe zu disziplinieren. Achten Sie weiter darauf, dass diese Selbstdisziplinierungen nicht in Beschimpfungen und Schuldzuweisungen untereinander ausarten, indem Sie in solch einem Fall mit der Gruppe sprechen und das Team auf ihre Defizite aufmerksam machen. Vergeben Sie Bonuspunkte für Gruppen, die besonders gut miteinander arbeiten, wo eine angenehme Arbeitsatmosphäre herrscht und wo die Kinder aufeinander eingehen. Loben Sie diese Gruppe laut, damit sie sich in ihrem Arbeitsverhalten bestätigt fühlt und auch ein Nachahmeffekt für die anderen Gruppen ermöglicht wird.

Lassen Sie alle Beobachtungen in Ihre Endbewertung einfließen, gewichten Sie entsprechend die Arbeit der Gruppe und die Leistung jedes Einzelnen, vor allem bei der Präsentation. Berücksichtigen Sie aber auch Fähigkeiten der einzelnen Personen in der Gruppe.

Leistungsbeurteilung während der Gruppenarbeit

Schauen Sie sich das Bewertungsschema der **Abb. 15** *(S. 44)* genauer an. Schlagen Sie aber jetzt nicht gleich die Hände über dem Kopf zusammen, denn mithilfe der Mind-Map von **Abb. 14** *(S. 43)* und des Bewertungsschemas wird die Beurteilung einer gesamten Gruppenarbeit übersichtlich und leicht.

Das Beurteilungsschema von **Abb. 15** ist in der hier dargestellten Vorlage für eine Gruppe konzipiert und kann beliebig ausgeweitet werden. Es sieht eine maximale Gruppengröße von 6 Schülern vor, was die äußerste Grenze einer Gruppe sein sollte. Die Arbeitsphase ist nochmals in drei Spalten gegliedert und soll Eintragungen für drei verschiedene Gruppenarbeitssitzungen ermöglichen.

Die Bewertung erfolgt nach dem gleichen Muster, wie Sie es bereits kennen gelernt haben. Tragen Sie die Ergebnisse aus der Berechnungstabelle (**Abb. 9**, *S. 34)* der einzelnen Gruppenarbeitsphasen in die rechten Zellen (Ergebnis) des Beurteilungsschemas ein und übertragen Sie diesen Notenwert in eine Tabelle, wie sie in **Abb. 16** *(S. 45)* dargestellt ist.

Zur Beurteilung der einzelnen Schüler innerhalb einer Gruppe verfahren Sie wie folgt:
1. Tragen Sie die Namen der Gruppenmitglieder in das Übersichtsschema (**Abb. 15**, *S. 44)* ein.
2. Benutzen Sie hier zur Beurteilung **+**, **0** oder **−**
3. Ermitteln Sie den Gesamtnotenwert mithilfe der Berechnungstabelle (**Abb. 9**, *S. 34)*.
4. Tragen Sie die Ergebnisse in die Tabelle der **Abb. 16** *(S. 45)* (im Folgenden „Notencluster" genannt) ein.

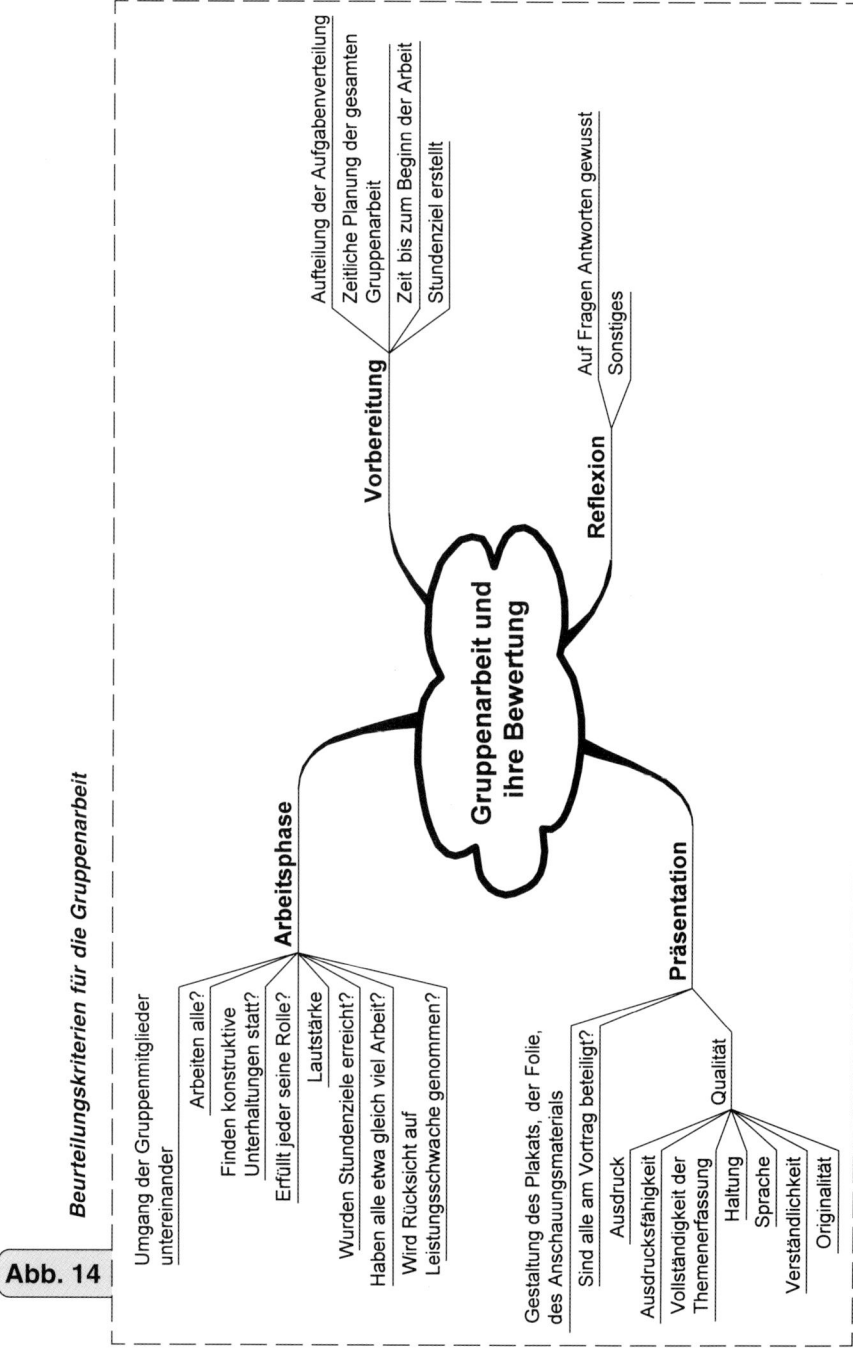

Abb. 14

Beurteilungskriterien für die Gruppenarbeit

Abb. 15

1. Gruppe/Bonus: △△△△△ △△△△△	☺	☻	☹	
Vorbereitung				
Rollenverteilung				
Gesamtes Zeitmanagement				
Zeitbedarf				Ergebnis
Planung des Stundenziels				
Arbeitsphase				
Arbeiten alle?				
Fachspezifische Diskussionen				
Erreichen des Stundenziels				
Gleiche Arbeitsanteile				
Einbindung leistungsschwacher Kinder				
Umgangston				
Lautstärke				Ergebnis
Umgang mit Arbeitsmitteln				
Präsentation				
Beteiligung aller				
Anschauungsmaterial				
Originalität des Vortrags				
Verständlichkeit				
Vollständigkeit des Themas				
Zeitlimit				Ergebnis
Sonstiges				

Einzelne Schülerinnen und Schüler	Namen						
Ausdrucksweise							
Blickkontakt							
Sprache							
Haltung							
Qualität							
Verhalten in der Gruppe							
Ergebnis							

Beurteilungsschema für die Gruppenarbeit

Kreuzen Sie nun an, welche Gewichtung Sie den einzelnen Gruppenarbeitsphasen zuordnen möchten und ermitteln Sie die Gesamtnote
für die einzelnen Schüler innerhalb einer Gruppe (**Abb. 16**, *unten).*
Die Benotung für die 1. bis 3. Phase fällt für alle Gruppenmitglieder
gleich aus. Dieses Verfahren erhöht die Wichtigkeit des gemeinsamen
Arbeitens in der Gruppe.

Die Einbeziehung unterschiedlichster Bewertungskriterien ist notwen-
dig, um alle Parameter einer objektiven und ganzheitlichen Bewertung
zu ermöglichen. Berücksichtigen Sie nur, wie lange Ihre Schüler an
einer Gruppenarbeit arbeiten, und welche Anforderungen ihnen dabei
abverlangt werden. Manchmal können es 6 bis 10 Unterrichtsstunden
sein. Bedenken Sie auch die Möglichkeit, die Sie während dieser Phasen haben und welche Bewertungskriterien Sie in die Notengebung
einfließen lassen können. Das folgende Beispiel *(S. 46)* wird Sie
endgültig von allen Zweifeln befreien.

Abb. 16

Bewertungstabelle für alle
Schülerinnen und Schüler

Gruppen-phasen	Vorbereitungs Phase				Arbeitsphase				Präsentation				Schülerinnen und Schüler				Gesamtnote
Gewichtung	1	2	3	4	1	2	3	4	1	2	3	4	1	2	3	4	
Namen																	

Anwendungsbeispiel

Das Bewertungsschema enthält alle bereits bekannten Kriterien, die zur Beurteilung einer Gruppenarbeit nützlich sein können. Neben den Bonuspunkten sehen Sie einen Schrägstrich, hinter dem Sie Zusatzpunkte für nachahmenswertes Arbeitsverhalten der gesamten Gruppe eintragen können (**Abb. 15**, *S. 44)*. Die Arbeitsphase ist zum besseren Verständnis nur für eine Gruppenarbeitssitzung dargestellt.

Sollten Sie jedoch mehrere Gruppenarbeitssitzungen eintragen, dann müssen Sie die Häufigkeit der Eintragungen als Parameter der späteren Berechnung verwenden. Statt die Arbeitsphase mit acht Punkten für die gesamte Phase zu versehen, sind es dann acht pro Sitzung und 24 Bewertungssmilies für alle drei Arbeitssitzungen (**Abb. 17**).

Arbeitsphase	☺	😐	🙁	☺	😐	🙁	☺	😐	🙁	
Arbeiten alle?	x				x			x		
Fachspezifische Diskussionen		x			x			x		
Erreichen des Stundenziels			x		x		x			
Gleiche Arbeitsanteile		x			x			x		
Einbindung leistungsschwacher Kinder		x			x		x			
Umgangston	x			x				x		
Lautstärke		x			x				x	
Umgang mit Arbeitsmitteln		x			x			x		
Summe der Smilies	2	5	1	1	6	1	3	4	1	**3,25**

Eine Arbeitssitzung

6 x ☺ ≙ 9,0
15 x 😐 ≙ 52,5   78 : 24 = 3,25
3 x 🙁 ≙ 16,5
————————
78,0

Abb. 17

Die Vorbereitungsphase und die Präsentation brauchen nicht in mehrere Sitzungen untergliedert zu werden, da die Bewertung dieser Kriterien nur einmal anfällt. Die Berechung wird unter „**Einfache Gruppenarbeitssitzung**" *(S. 47ff.)* genauer erläutert.

Einfache Gruppenarbeitssitzung

1. Gruppe/Bonus: △△△△△ △△△△△	☺	☺	☹	
Vorbereitung				
Rollenverteilung	○			
Gesamtes Zeitmanagement		○		
Zeitbedarf		○		Ergebnis
Planung des Stundenziels	○			**2,5**
Arbeitsphase				
Arbeiten alle?		○		
Fachspezifische Diskussionen		○		
Erreichen des Stundenziels			○	
Gleiche Arbeitsanteile	○			
Einbindung leistungsschwacher Kinder		○		
Umgangston	○			
Lautstärke			○	Ergebnis
Umgang mit Arbeitsmitteln		○		**3,5**
Präsentation				
Beteiligung aller	○			
Anschauungsmaterial		○		
Originalität des Vortrags			○	
Verständlichkeit		○		
Vollständigkeit des Themas	○			
Zeitlimit	○			Ergebnis
Sonstiges	-	-	-	**3,2**

Einzelne Schülerinnen und Schüler	Max	Pia				
Ausdrucksweise	0	+				
Blickkontakt	0	0				
Sprache	0	+				
Haltung	-	0				
Qualität	+	0				
Verhalten in der Gruppe	0	-				
Ergebnis	3,5	3,1				

Abb. 18

Abb. 19

Gruppen-phasen	Vorbereitungs-phase				Arbeitsphase				Präsentation				Schülerinnen und Schüler				Gesamtnote
Gewichtung	1	○	3	4	1	2	○	4	1	2	3	○	1	2	3	○	
Namen																	
Max	2,5				3,5				3,2				3,5				3,25 ≈ 3-
Pia	2,5				3,5				3,2				3,1				3,16 ≈ 3

Der Gesamtnotenwert der einzelnen Gruppenarbeitsphasen errechnet sich wie folgt:

A: Beurteilung der Vorbereitungsphase

 Zählen und Eintragen der Smilies aus dem 1. Teil

 Ablesen anhand der Berechnungstabelle

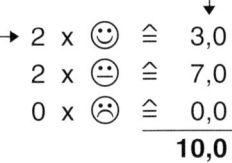

$$2 \times ☺ \; \widehat{=} \; 3{,}0$$
$$2 \times 😐 \; \widehat{=} \; 7{,}0$$
$$0 \times ☹ \; \widehat{=} \; 0{,}0$$
$$\overline{10{,}0}$$

 Berechnung der Note

> Insgesamt konnten 4 Smilies vergeben werden.

10,0 : 4 = 2,5

| Gesamtnotenwert |

> Berechnete Note, die in das Notenschema „Vorbereitung" einfließt.

B: Beurteilung der Arbeitsphase

 Zählen und Eintragen der Smilies aus dem 2. Teil

 Ablesen anhand der Berechnungstabelle

$$2 \times ☺ \; \widehat{=} \; 3{,}0$$
$$4 \times 😐 \; \widehat{=} \; 14{,}0$$
$$2 \times ☹ \; \widehat{=} \; 11{,}0$$
$$\overline{28{,}0}$$

 Berechnung der Note

> Insgesamt konnten 8 Smilies vergeben werden.

28,0 : 8 = 3,5

| Gesamtnotenwert |

> Berechnete Note, die in das Notenschema „Arbeitsphase" einfließt.

C: Beurteilung der Präsentation

 Zählen und Eintragen der Smilies aus dem 3. Teil

 Ablesen anhand der Berechnungstabelle

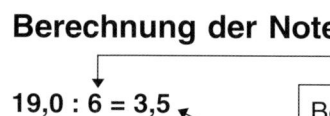

$$3 \times ☺ \ \hat{=} \ 4,5$$
$$1 \times 😐 \ \hat{=} \ 3,5$$
$$\underline{2 \times ☹ \ \hat{=} \ 11,0}$$
$$19,0$$

 Berechnung der Note

Insgesamt konnten 6 Smilies vergeben werden.

19,0 : 6 = 3,5

Berechnete Note, die in das Notenschema „Präsentation" einfließt.

Gesamtnotenwert

D: Beurteilung einzelner Schüler

Beispielhaft stelle ich im Folgenden die Beurteilung zweier Schüler (Max und Pia) vor.

Einzelne Schülerinnen und Schüler	Max	Pia	Namen		
Ausdrucksweise	0	+			
Blickkontakt	0	0			
Sprache	0	+			
Haltung	-	0			
Qualität	+	0			
Verhalten in der Gruppe	0	-			
Ergebnis	3,5	3,2			

Abb. 20

Pia erhielt bei der Präsentation eine bessere Beurteilung als Max.
Die Noten berechneten sich folgendermaßen:

Schüler Max:

$$
\begin{array}{lll}
1 & x & + & \hat{=} & 1,5 \\
4 & x & 0 & \hat{=} & 14,0 \\
1 & x & - & \hat{=} & 5,5 \\
\hline
& & & & 21,0
\end{array}
$$

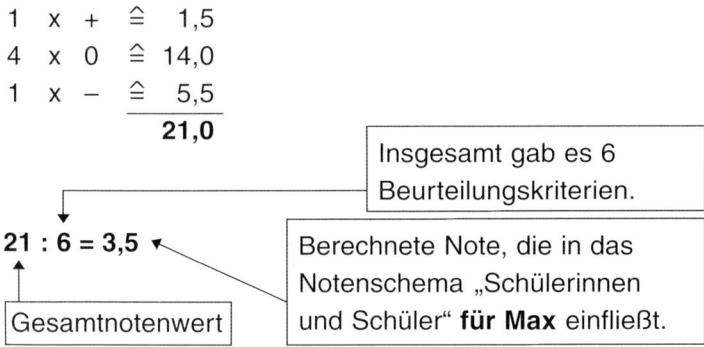

Insgesamt gab es 6 Beurteilungskriterien.

21 : 6 = 3,5

Gesamtnotenwert

Berechnete Note, die in das Notenschema „Schülerinnen und Schüler" **für Max** einfließt.

Schülerin Pia:

$$
\begin{array}{lll}
2 & x & + & \hat{=} & 3,0 \\
3 & x & 0 & \hat{=} & 10,5 \\
1 & x & - & \hat{=} & 5,5 \\
\hline
& & & & 19,0
\end{array}
$$

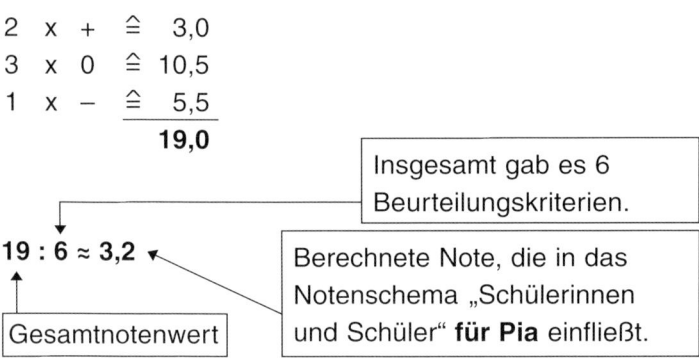

Insgesamt gab es 6 Beurteilungskriterien.

19 : 6 ≈ 3,2

Gesamtnotenwert

Berechnete Note, die in das Notenschema „Schülerinnen und Schüler" **für Pia** einfließt.

Die Noten werden in die 4. Spalte des Notenschemas „Schülerinnen und Schüler" eingetragen.

Nun ermitteln Sie die Gesamtnote. Zuvor gewichten Sie die einzelnen Gruppenarbeitsphasen (Vorbereitung, Arbeitsphase ...) entsprechend ihres Stellenwertes. Die Bedeutung der Phasen kann von Jahrgang zu Jahrgang unterschiedlich sein. Sie selbst legen die Schwerpunkte fest, je nachdem welche Kompetenzen Sie bei den Schülern voranbringen wollen.

E: Gesamtnotenberechnung

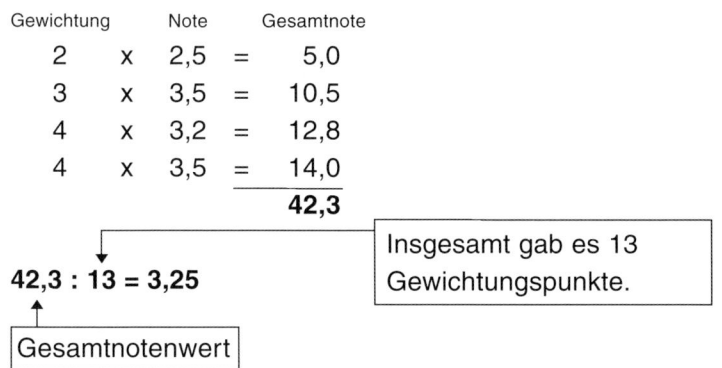

Gruppen-phasen	Vorbereitungs Phase	Arbeitsphase	Präsentation	Schülerinnen und Schüler	Gesamtnote
Gewichtung	1 ⨉ 3 4	1 ⨉ 3 4	1 2 3 ⨉	1 2 3 ⨉	
Namen					
Max	2,5	3,5	3,2	3,5	3,25 ≈ **3–**
Pia	2,5	3,5	3,2	3,2	3,16 ≈ **3**

Abb. 21

Schüler Max:

Gewichtung		Note		Gesamtnote
2	x	2,5	=	5,0
3	x	3,5	=	10,5
4	x	3,2	=	12,8
4	x	3,5	=	14,0
				42,3

42,3 : 13 = 3,25

Gesamtnotenwert

Insgesamt gab es 13 Gewichtungspunkte.

Schülerin Pia:

Gewichtung		Note		Gesamtnote
2	x	2,5	=	5,0
3	x	3,5	=	10,5
4	x	3,2	=	12,8
4	x	3,2	=	12,8
				41,1

41,1 : 13 = 3,16

Gesamtnotenwert

Insgesamt gab es 13 Gewichtungspunkte.

Max würde nach dieser Berechnung die Note 3– und Pia eine 3 erhalten. Obwohl bei der Endberechnung die Noten sehr eng beieinander liegen, sollten Sie sich die Unterschiede der beiden Schülerleistungen vergegenwärtigen. Letztendlich könnte bei einer 3,16 auch eine 3– gegeben werden. Da Pia allerdings wichtige Kriterien der Präsentation besser erfüllt hat als Max, ist die Note 3 durchaus gerechtfertigt.

Sie können bei der Berechnung der Gruppenarbeitsphasen, die Sie mit Hilfe der Smilies ermittelt haben, Ihren pädagogischen Spielraum nutzen und entsprechend den Gesamtnotenwert leicht auf- oder abrunden. Bei einer verhältnismäßig gut durchdachten Gewichtung müssten Sie diesen Freiraum jedoch nicht unbedingt nutzen. Betrachten Sie sich am Ende die Gesamtnote und überlegen Sie, ob diese Note der Schülerleistung entspricht. Wenn nicht, dann korrigieren Sie diese leicht nach unten oder oben.

TIPP: Wenn Sie mit Ihrer Klasse erstmals mit der Gruppenarbeit beginnen, sollten Sie zunächst auf die Einzelschülerbewertung verzichten.

---

7   **u.a. Heinz Klippert: Teamentwicklung im Klassenraum, Beltz, Weinheim 2002.**

Praxisteil

Fächerübergreifendes Arbeiten

Vorbemerkung

In den nun folgenden Kapiteln werde ich anhand von konkreten Schülerergebnissen detailliert auf deren Beurteilungen eingehen. Ausgewertet wird ein Lernzirkel zum Thema „Menschen mit Behinderungen" sowie eine thematische Arbeitsmappe, die die Schüler im Fach Geschichte bzw. Gesellschaftslehre zum Thema „Römer" bearbeitet haben. Im Fach Deutsch werde ich die Bewertung eines Schülerportfolios[8] zum Thema „Gedichte" vorstellen.

Fächerübergreifendes Arbeiten (am Beispiel einer Lektüre)

Im Rahmen eines fächerübergreifenden Unterrichts in den Fächern Deutsch und Gesellschaftslehre führte ich mit den Schülern einen Lernzirkel zum Thema „Menschen mit Behinderungen" durch. Gleichzeitig beschäftigten sich die Schüler im Deutschunterricht mit der Lektüre „Vorstadtkrokodile" von Max von der Grün.[9] Als Grundlage für den Lernzirkel diente die Literatur-Kartei: „Vorstadtkrokodile" *(Verlag an der Ruhr)*. Einen Teil der Arbeitsblätter aus der Literatur-Kartei habe ich zu einem Lernzirkel ausgearbeitet und zusammengestellt. Hierfür mussten einige Arbeitsaufträge verändert und ergänzt werden, damit die Schüler diese selbstständig bearbeiten konnten. Ich habe gezielt Techniken der Textbearbeitung in die Arbeitsaufträge einfließen lassen, um diese zu „ritualisieren" und zu festigen.

Da von den Schülern unter anderem auch eine freie Textproduktion verlangt wurde, mussten natürlich auch Qualitätskriterien für die Beurteilung herangezogen werden. Lösungsvorlagen entfielen hierbei. Am Beispiel der oben genannten Freiarbeitsformen, bzw. der daraus hervorgegangenen Schülerergebnisse, möchte ich Ihnen den Einsatz des Beurteilungsschemas in der Praxis verdeutlichen. Damit möchte ich Ihnen den Einstieg erleichtern und die Angst vor der scheinbar unüberwindbaren Menge an Korrekturen nehmen.

Erarbeitung des Themas

Zur Erarbeitung bzw. Vertiefung des Themas „Menschen mit Behinderungen" wurden im Vorfeld einige Referatsthemen an die Schüler vergeben (**Abb. 22**, *S. 56)*. Mithilfe ihres erarbeiteten Wissens sollte das Thema im Laufe der Einheit ergänzt und vertieft werden. Die Schüler,

Tipps für Referate
(zur Unterrichtseinheit „Menschen mit Behinderungen")

Themenvorschläge:
⇨ Menschen mit geistiger Behinderung
⇨ Blinde
⇨ Gehörlose
⇨ Menschen mit anderen körperlichen Behinderungen
⇨ Prominente mit Behinderungen

Achte bei deinem Thema auf folgende Punkte:

Inhalt:
    ⇨ Ursachen der Behinderung
    ⇨ Formen der Behinderung
    ⇨ Hilfen (Instrumente)
    ⇨ besondere Schulen
    ⇨ Probleme im Alltag
    ⇨ Diskriminierungen (Benachteiligungen)
    ⇨ Organisationen
    ⇨ Was kann die Gesellschaft noch tun?
    ⇨ usw.

Aufbau:
    ⇨ Einleitung
    ⇨ Hauptteil
    ⇨ Schluss
    ⇨ Ausblick (eigene Meinung)

Achte darauf, dass du
    ⇨ 2–3 Tage zuvor eine Übersicht (Mind-Map, Stichworte usw.) abgibst, die für deine Mitschüler kopiert werden soll,
    ⇨ Anschauungsmaterial (Folien, Plakate, Fotos, Kassetten usw.) benutzt,
    ⇨ „Spickzettel" anlegst,
    ⇨ verständlich erklärst,
    ⇨ auf Fragen antworten kannst,
    ⇨ laut und deutlich sprichst.

Zum Vortrag:
⇨ zwei Personen *(mit gleicher Beteiligung)*
⇨ 10–15 Minuten *(nicht weniger und nicht mehr)*
⇨ Zeit für Fragen lassen
⇨ Quellen nennen

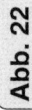

die sich für einen Themenbereich entschieden hatten, erhielten eine Vorlage mit Tipps zur Anfertigung und zum Halten eines Referates.[10]

Der Laufzettel

Der Laufzettel ist ein wichtiges Hilfsmittel, das den Schülern die Orientierung in einem Lernzirkel erleichtert. Die Schüler behalten den Überblick darüber, welche Stationen sie bereits bearbeitet haben bzw. welche sie noch bearbeiten müssen und können diese mit einem Haken, dem Datum oder mit einem Okay kennzeichnen. Gleichzeitig hat auch der Lehrer mit dem Laufzettel ein Kontrollinstrument an der Hand, mit dessen Hilfe er überprüfen kann, welche Aufgaben die einzelnen Schüler erledigt haben.

Befindet sich wie in der **Abb. 23** *(S. 59)* das Bewertungsschema bereits auf dem Laufzettel, wird dieser auch zu einem Instrument, das die Schüler auf die Anforderungen hinweist, die an sie gestellt werden. Das ist grundsätzlich zu befürworten, da es Transparenz schafft und den Schülern die Möglichkeit einräumt, Einfluss auf ihre Note zu üben – zumindest was die formalen Kriterien angeht. Wenn sie dieses Verfahren regelmäßig einsetzen, werden die formalen Bewertungskriterien von den Schülern recht schnell verinnerlicht und können früher oder später ganz wegfallen und durch andere Kriterien ersetzt werden. Kopieren Sie den Laufzettel am besten auf DIN A5 und lassen Sie ihn in ein Heft einkleben. Auf diese Weise dient er zugleich als eine Art Deckblatt bzw. als Einstiegsseite für eine Unterrichtsreihe.

Eine wichtige Rolle bei der Beurteilung der Arbeitsergebnisse spielt die Sozialform, also die Konstellation, in der die Schüler die einzelnen Stationen bearbeiten dürfen bzw. sollen. Geben Sie eine Partnerarbeit vor, müssen Sie bei der Beurteilung berücksichtigen, dass die „Pärchen" auch ein gemeinsames Ergebnis abliefern. Folglich erhalten diese beiden eine gemeinsame Beurteilung. Weisen Sie Ihre Schüler darauf hin, dass sie in diesem Fall den Namen des Partners mit auf das Arbeitsblatt bzw. ins Heft notieren. Sollten Sie jedoch Einzelarbeit vorgeben, dürfen die Kinder nur Einzelergebnisse abliefern. Weisen Sie Ihre Schüler vor der Bearbeitung der Aufgaben am besten explizit darauf hin, damit es am Ende keine Missverständnisse gibt.

Oft arbeiten Schüler zu zweit jedoch motivierter als alleine. Die Bitte „Darf ich mit Max zusammenarbeiten?" müssen Sie nicht zwangsläufig ablehnen, auch wenn die Schüler Einzelergebnisse abliefern sollen. Weisen Sie die Schüler darauf hin, dass trotz Partnerarbeit jeder Schüler eine eigenständige Leistung erbringen soll. Antworten Sie dann am besten mit einem leisen „Ja, aber nur, wenn ihr nicht voneinander abschreibt". Die meisten Schüler halten sich an diese Vorgabe, wenn sie merken, dass Sie ihnen einen gewissen Spielraum beim Arbeiten lassen. Beobachten Sie die Schüler, ob sie sich tatsächlich gegenseitig helfen, ergänzen, sich beratschlagen und gemeinsame Lösungswege finden. Wichtig ist, dass am Ende jedes Kind tatsächlich einen eigenen Leistungsnachweis hat. Sollten sich Arbeitsergebnisse dennoch ähneln, entscheiden Sie pädagogisch und stellen Sie die Leistungsfähigkeit der einzelnen Schüler in den Fokus. Für manche der leistungsschwächeren Schüler ist das eine oder andere Arbeitsergebnis ein größerer Fortschritt im Vergleich zu dem, was er vielleicht bei einer Einzelarbeit geleistet hätte. Das gemeinsame Gespräch mit dem Partner und die Auseinandersetzung mit einem Unterrichtsthema bergen derart viele Lernziele, wie sie eine Stillarbeit wohl kaum hervorbringen kann.

In der letzten Spalte „Bemerkung" des Laufzettels beurteilen Sie nun mit **+**, **0** und **−**, wie Sie den inhaltlichen Aspekt der Antworten, also ihre Qualität bewerten. Teilen Sie auch hier Ihren Schülern zuvor die Qualitätskriterien mit, falls Sie diese nicht auf dem Bewertungsschema untergliedert haben (vgl. **Abb. 12**, *S. 39)*.

Abb. 23

Thema	Sozialform	Datum	Bemerkung
1. Aus dem Leben eines behinderten Jungen	☺		
2. Stell dir vor...	☺☺		
3. Außenseiter	☺☺		
4. Ausgeschlossen werden	☺		
5. Behinderungen	☺☺		
6. Was ich denke	☺☺		
7. Menschen mit Behinderungen	☺		
8. Fünf Menschen	☺		

⇨

Laufzettel geführt			Überschriften aufgeschrieben, hervorgehoben			Schrift, Ordnung, Rand, Lineal			Arbeitsblätter eingeklebt			Zustand des Heftes			Abgabe pünktlich			Stationen vollständig			Qualität der Antworten			Note
1 2 3	4 5	6	1 2 3	4 5	6	1 2 3	4 5	6	1 2 3	4 5	6	1 2 3	4 5	6	1 2 3	4 5	6	1 2 3	4 5	6	1 2	4	5	☺ ☺ ⊗
☺	☺	⊗	☺	☺	⊗	☺	☺	⊗	☺	☺	⊗	☺	☺	⊗	☺	☺	⊗	☺	☺	⊗	☺	☺	⊗	

Damit Sie nun nicht selbst mit dem Zeichnen von Smilies beginnen müssen, empfiehlt es sich +, 0 und – einzusetzen.[11] In diesem Fall können Sie auch hier die Berechnungstabelle zur Ermittlung des Gesamtnotenwertes benutzen. Die dafür benutzten Symbole entsprechen den folgenden Notenbereichen:

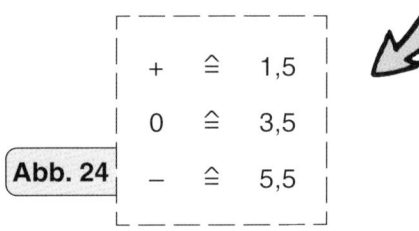

+	≙	1,5
0	≙	3,5
–	≙	5,5

Abb. 24

Die Note, die sich aus der Spalte „Bemerkungen" ergibt, wird im Schema „Qualität" eingetragen, aber als Smiley. Das fällt zunächst nicht ganz so leicht, weil die Note 4 ein ernstes Smiley ☺ darstellt, also in den Notenbereich 3–4 fällt. Nehmen Sie sich aber am Ende ruhig den Spielraum und runden Sie die Note entsprechend auf oder ab.

Arbeitstechniken in der Freiarbeit

Die Bearbeitung der Stationen 1 und 8 setzt Arbeitstechniken der Textbearbeitung voraus, die in den Jahrgängen 5/6 eingeübt worden sind und kontinuierlich wiederholt werden müssen. Damit diese Arbeitstechniken bei den Schülern nicht in Vergessenheit geraten, sollten sie in Arbeitsaufträgen immer wieder explizit verlangt werden. Mit Techniken der Textbearbeitung geben Sie Ihren Schülern das Werkzeug zum selbstständigen Arbeiten an die Hand.[12] Ohne sie bleibt die Auseinandersetzung mit den Textinhalten sehr oberflächlich. Gerade in der Freiarbeit, in der die Selbstständigkeit der Schüler eine zentrale Rolle spielt, müssen Techniken, die selbstständiges Arbeiten erst möglich machen, den Schülern frühzeitig an die Hand gegeben werden. In der Freiarbeit sind vor allem folgende Arbeitstechniken wichtig:

⇨ Markieren,

⇨ Selektieren,

⇨ Strukturieren,

⇨ Visualisieren,

⇨ Zusammenfassen.

Die Fähigkeit im Team zu arbeiten ist der zweite wichtige Aspekt der Freiarbeit. Diese Fähigkeit umfasst das

⇨ Diskutieren,

⇨ Argumentieren,

⇨ Abwägen,

⇨ Entscheiden u.Ä.

Die genannten Fähigkeiten sind Qualifikationen, die später auch im Berufsleben vorausgesetzt werden, und die die Schule vermitteln sollte.

Ausgewählte Stationen im Überblick

Der hier vorgestellte Lernzirkel „Menschen mit Behinderungen" setzt sich aus acht Stationen zusammen, die nicht in chronologischer Reihenfolge bearbeitet werden müssen. Bei den Stationen 1–6 wird von den Schülern eine freie Textproduktion erwartet. Zur Beurteilung dieser Arbeitsergebnisse treten nun die Kriterien „Vollständigkeit" der Antwort und „Ausdruck" in Kraft. Die Rechtschreibung sollten Sie nach eigenem Ermessen als Beurteilungskriterium einfließen lassen, wobei Kinder mit einer Lese- und Rechtschreibschwäche davon ausgeschlossen werden sollten. Statt der Rechtschreibung können Sie andere Kriterien berücksichtigen, wie beispielsweise die „Ausführlichkeit" einer Antwort.

Station 1

Aus dem Leben eines
behinderten Jungen

Lies den folgenden Text.

Inwieweit hat sich das Leben des Jungen nach dem Unfall verändert?

Welche Probleme spricht er an?

Schreibe in dein GL-Heft.

Vor vier Jahren verlor ich bei einem Autounfall ein Bein. Damals war ich dreizehn. Seitdem hat sich für mich vieles geändert. Zunächst war die Nachricht, dass man mein linkes Bein nicht retten konnte, für mich wie ein Schock. Tagelang verbrachte ich im Krankenhaus ohne ein Wort zu sprechen. Ständig musste ich über mein Leben nachdenken und über all das, was ich in Zukunft nicht mehr unternehmen konnte. Als eines Tages ein Junge in mein Zimmer verlegt wurde, der mit fünf Jahren an Kinderlähmung erkrankt war und seitdem nicht mehr laufen konnte, erkannte ich, dass manche Menschen ein ähnliches oder sogar noch ein schlimmeres Schicksal hatten als ich. Wir sprachen sehr viel miteinander. Im Gegensatz zu mir war er immer sehr munter und fröhlich.

Er hatte sich mit seiner Behinderung abgefunden und kam inzwischen gut zurecht. Und auch mir wurde allmählich bewusst, dass ich versuchen musste aus meinem Leben das Beste zu machen. Doch das war zunächst leichter gesagt als getan. Denn nachdem ich aus dem Krankenhaus entlassen worden war, gingen die Probleme erst richtig los. Ein Bein zu verlieren heißt nicht nur ewig an Krücken zu gehen oder im Rollstuhl zu sitzen. Es heißt leider auch ständig auf die Hilfe anderer angewiesen zu sein. Es bedeutet warten zu müssen, bis jemand kommt und seine Hilfe anbietet.

Gleich in der ersten Woche stellten meine Eltern einen Antrag für mich um in meine alte Schule wieder aufgenommen zu werden. Nach vielen Gesprächen mit unserer Rektorin und zahlreichen Besuchen von öffentlichen Ämtern wurde der Antrag schließlich bewilligt. Ich war froh. Von nun an wurde ich morgens abgeholt und mit einem Bus für Behinderte in die Schule gefahren.

In unserer Wohnung kam ich nach einigen Wochen einigermaßen zurecht. Meine Eltern hatten das Bad und mein Zimmer so umgebaut, dass mir vieles erleichtert wurde. Auch hatten sie überall Handgriffe angebracht, durch die ich es etwas einfacher hatte mich fortzubewegen.

Von nun an saß ich häufig in meinem Zimmer und schaute auf die Straße, wo meine Freunde Fußball spielten oder mit dem Fahrrad fuhren. Seitdem ich wieder zu Hause war, kam fast keiner von ihnen mehr zu mir.

Nur mein bester Freund Axel besuchte mich noch einige Male, doch schließlich blieb auch er weg. Einige Kameraden riefen zu Anfang noch an. Sie waren sehr nett, aber zugleich auch distanziert. Ich merkte richtig, wie unsicher sie mir gegenüber auf einmal waren. Sicherlich war es ihnen mit mir auch zu langweilig, denn Fußball spielen, auf Bäumen herumklettern oder Fahrrad fahren konnte ich ja nun nicht mehr. Schnell hatte ich mich daran gewöhnt, dass ich von vielen Leuten angestarrt wurde, wenn ich mit meinem elektrischen Rollstuhl durch die Gegend fuhr.

Viel schlimmer war es, dass ich nun nicht mehr in jedes Gebäude kam, denn oftmals fehlten Auffahrrampen für meinen Rollstuhl oder die Gänge waren zu schmal, so dass ich nicht hindurchfahren konnte. Aus diesem Grund wurde ich häufig von meinen Eltern begleitet, damit sie mir in bestimmten Situationen behilflich sein konnten. Dass ich nicht mehr so selbstständig sein konnte wie früher, belastete mich sehr. Einmal hörte ich, dass mich Kinder aus der Nachbarschaft „Muttersöhnchen" nannten. Das fand ich gemein.

Inzwischen bin ich siebzehn und habe vor einem halben Jahr eine Lehre als Bürokaufmann begonnen. Zu meinen alten Kameraden habe ich keinen Kontakt mehr. Aber ich habe einen neuen Freundeskreis gefunden. Viele meiner neuen Bekannten sind auch behindert und haben ähnliche Probleme wie ich. Wenn sich für mich in den letzten Jahren auch viel verändert hat, so habe ich immer noch viel Spaß in meinem Leben. Nur manchmal bin ich noch sehr traurig, dass nicht einmal meine besten Freunde damals zu mir gehalten haben.

28

Abb. 25

62 Bewertung im Offenen Unterricht

Station 3

Außenseiter

Sieh dir das Bild genau an. Welche Gründe könnte es geben,
dass das Mädchen abseits von allen anderen Kindern sitzt?

Überlege dir, wie du ihr helfen könntest.
Mache dir hier ein paar Notizen und übertrage sie in dein GL-Heft.

© Verlag an der Ruhr, Postfach 10 22 51, 45422 Mülheim an der Ruhr

Abb. 26

Station 8

Fünf Menschen

Nimm dir eine ausgeschnittene Sprechblase und klebe Sie in dein Heft.

Beantworte anschließend folgende Fragen:

1. Wie ist die Behinderung eingetreten?
2. Welche Behinderung hat dieser Mensch?
3. Wie kommt die Person oder die Familie damit zurecht?
4. Überlege, ob der Mensch trotzdem ein glückliches Leben führt. Begründe deine Meinung.

Ich habe starke Sprachstörungen. Die Ärzte sagen, dass mir dies vermutlich von meinem Vater vererbt wurde, denn auch er ist sprachbehindert. Viele meiner Klassenkameraden lachen, wenn ich anfange zu stottern und die Worte nicht richtig herausbringe. Dass sich andere darüber lustig machen, tut mir sehr weh.

Ich hatte vor drei Jahren einen schweren Verkehrsunfall. Seitdem bin ich querschnittsgelähmt und muss im Rollstuhl sitzen. Zuerst war es eine große Umstellung für mich und oft war ich sehr verzweifelt. Inzwischen habe ich mich damit abgefunden. Meine Familie hilft mir das Leid durchzustehen.

Ich bin seit meinem zehnten Lebensjahr stark sehbehindert. Alles fing ganz harmlos an. Wie viele Kinder bekam auch ich eines Tages eine Kinderkrankheit. Doch leider wurden hiervon meine Augen so stark in Mitleidenschaft gezogen, dass ich seitdem fast nicht mehr sehen kann. Es ist immer noch schwer für mich dies zu akzeptieren und ich beneide die Menschen, die über ein gesundes Augenlicht verfügen.

Meine Mutter hat während ihrer Schwangerschaft Tabletten eingenommen, die sich auf meine embryonale Entwicklung schädlich ausgewirkt haben. Leider hat damals noch niemand von der negativen Wirkung des Medikamentes gewusst. Aus diesem Grunde habe ich heute missgebildete Arme. Viele denken, dass ich wegen meiner zu kurzen Arme nicht schreiben oder essen kann. Doch dazu bin ich durchaus in der Lage. Das habe ich inzwischen gelernt.

Unser Sohn erhielt während seiner Geburt nicht genügend Sauerstoff und die Folge davon ist, dass er heute geistig behindert ist. Zu Anfang war das für uns ein großer Schock. Doch dann haben wir uns damit abgefunden. dass unser Sohn sich langsamer entwickelt und in vielen Dingen mehr Hilfe braucht als andere Kinder. Deshalb haben wir ihn nicht weniger lieb.

29

Abb. 27

64 Bewertung im Offenen Unterricht

Auswertung von Schülerarbeiten

Exemplarisch werden im Folgenden einige Schülerarbeiten der Stationen 1, 3 und 8 auf ihre inhaltliche Qualität sowie auf die Einhaltung der formalen Kriterien ausgewertet.

A. Die formalen Kriterien

Abb. 28

Laufzettel zum Thema „Menschen mit Behinderung"

	Thema	Sozialform	Datum	Bemerkung
1	Aus dem Leben eines behinderen Jungen	☺	16.09. 2003	+
2	Stell dir vor...	☺☺	16.09. 2003	+
3	Außenseiter	☺☺	23.09 2003	+
4	Ausgeschlossen werden	☺	23.09. 2003	+
5	Behinderungen	☺☺	25.09. 2003	○
6	Was ich denke	☺☺	16.09. 2003	+
7	Menschen mit Behinderungen	☺		—
8	Fünf Menschen	☺	16.09. 2003	○

↓ 2⁻

Laufzettel geführt	Überschriften aufgeschrieben hervorgehoben	Schrift Ordnung, Rand, Lineal	Arbeitsblätter eingeklebt	Zustand des Heftes	Abgabe pünktlich	Stationen vollständig	Qualität der Antworten	☺ ☺ ☹
X 2 3 4 5 6	X 2 3 4 5 6	1 X 3 4 5 6	X 2 3 4 5 6	X 2 3 4 5 6	1 2 3 4 5 6	1 2 X 4 5 6	1 2 3 4 5 6	5 12 /
☺ ☺ ☹	☺ ☺ ☹	☺ ☺ ☹	☺ ☺ ☹	☺ ☺ ☹	☺ ☺ ☹	☺ ☺ ☹	☺ ☺ ☹	Note
X	X		X	X	X		X	3⁺

Es erscheint auf den ersten Blick nicht einleuchtend, dass der Schüler nur ein ernstes Smiley erhalten hat, obwohl er den Laufzettel fast vollständig bearbeitet hat. In der 7. Jahrgangsstufe sollte das Führen des Laufzettels jedoch eine Selbstverständlichkeit sein; eher geringe Fehler fallen daher stärker ins Gewicht als in den Klassenstufen, in denen der Umgang mit dem Laufzettel gerade erst eingeübt wird. Ein weiterer Blick auf das Bewertungsschema zeigt, dass der Schüler die formalen Kriterien recht gut erfüllt hat. Er zeigte allerdings leichte Schwächen bei der Ordnung und schaffte es nicht, alle Stationen in der vorgegebenen Zeit zu bearbeiten. Dies sind jedoch kleine Schwächen, die bei der nächsten Freiarbeit leicht behoben werden können.

Werden nun alle gleichen Smilies zusammengezählt, erhalten wir folgendes Ergebnis:

Zählen und Eintragen der Smilies

Ablesen anhand der Berechnungstabelle

$$5 \times \text{☺} \mathrel{\hat{=}} 7,5$$
$$12 \times \text{😐} \mathrel{\hat{=}} 42,0$$
$$0 \times \text{☹} \mathrel{\hat{=}} 0,0$$
$$\overline{49,5}$$

Berechnung der Note

> Insgesamt konnten 17 Smilies vergeben werden.

$$49,5 : 17 = 2,9$$

↑

> Gesamtnotenwert

Note: 2,9 ≈ 3 😐

Sie könnten nun eine 3+, eine 3 oder eine 3– erteilen. Da es bei der Bearbeitung der Aufgaben viel mehr auf den Inhalt als auf die Form ankommt, ist das Qualitätskriterium bei der Endnote entscheidend. Im Laufzettel ist die Qualität der Antworten mit einem Plus, einer Null oder

einem Minus vermerkt und insgesamt mit einer 2– bewertet worden.
Beim Übertrag in das Bewertungsschema habe ich die „Qualität der
Antworten" als ernstes Smiley ☺ – also etwas schlechter – eingestuft.
In der Gesamtnote habe ich diese kleine Minderung durch eine 3+
wieder ausgeglichen.

B. Die Qualitätskriterien

Wie bereits im Kapitel **„Qualitätskriterien"** *(S. 35ff.)* beschrieben,
fallen unter das Qualitätskriterium im Bewertungsschema die Kriterien
„Vollständigkeit des Inhalts", „Ausdruck" und „Rechtschreibung". Je
nach Fach, Inhalt und Schwerpunkt des Unterrichts bzw. der Aufgaben
kann das Qualitätskriterium natürlich weiter ausdifferenziert werden
bzw. ganz andere „Unterkriterien" umfassen. Vor allem die Rechtschreibung wird in einigen Fächern eine eher untergeordnete Rolle
spielen. Bei den folgenden Schülerarbeiten in den **Abb. 29–31**
(S. 68, 69 und 71) waren „Vollständigkeit des Inhalts", „Ausdruck" und
„Rechtschreibung" jedoch die Hauptkriterien.

In der Arbeit in **Abb. 29** *(S. 68)* hat der Schüler bei der ersten Antwort
zwar das falsche Tempus gewählt und in der Ich-Form geschrieben; in
puncto Ausdruck, Vollständigkeit und Rechtschreibung sind jedoch
beide Antworten korrekt. Die zweite Antwort hat der Schüler knapp,
aber exakt formuliert. Folglich wird diese Station insgesamt mit einem
„+" bewertet.

An Station 3 (**Abb. 30**, *S. 69)* hat der Schüler die auf dem Bild dar-
gestellte Problematik gut erfasst und wiedergegeben. Auch in der
Rechtschreibung ist der Schüler sicher. Als kleine Schwäche kann die
Vermutung, das Mädchen auf dem Bild sei behindert und könne deshalb nicht mitspielen, gewertet werden. Hier hat der Schüler recht
einsilbig geantwortet und seine Vermutung – wie es scheint – haupt-
sächlich dem Thema des Lernzirkels angepasst. Insgesamt ist aber
auf jeden Fall ein „+" berechtigt.

Station 1

Aus dem Leben eines behinderten Jungen

Aufgabenstellung:

1. Inwieweit hat sich das Leben des Jungen nach dem Unfall verändert?
2. Welche Probleme spricht er an?

St. 1   Aus dem Leben eines Behinderten

a) Ich war ständig auf Hilfe anderer angewiesen. Und deshalb musst ich oft lange warten bis mir jemand hilft. Seitdem ich mein Bein verloren habe werde ich jeden Morgen mit einem Bus für Behinderte zur Schule gefahren. Das Bad und sein Zimmer so umgebaut, dass ihm vieles erleichtert worden ist. Fast keiner von seinen alten Freunden kam noch zu ihm.

b) Er ist ständig auf Hilfe angewiesen. Es gibt viele Dinge die er nicht mehr unternehmen kann. Seine Eltern mussten in der Wohnung viel verändern, um ihm das neue Leben zu erleichtern. Seine Kameraden haben ihn im Stich gelassen, denn er konnte nicht mehr auf Bäume klettern oder Fahrrad fahren.

Abb. 29

Station 3

Außenseiter

Aufgabenstellung:

1. Sieh dir das Bild genau an. Welche Gründe könnte es dafür geben, dass das Mädchen abseits von allen anderen Kindern sitzt?

2. Überlege dir, wie du ihr helfen könntest.
   Mache dir ein paar Notizen in dein GL-Heft.

Außenseiter   Nr. 3

– Das Mädchen sitzt abseits, weil es vielleicht nicht akzeptiert wird. *Warum?*
Vielleicht
– weil es keine modernen Kleider trägt.

– weil es vielleicht behindert ist. *Welche könnte sie haben?*

– weil es vielleicht nicht gut in dem
Spiel ist, das die anderen spielen.   →S.18

18:
– Ich könnte ihr Mut machen.

– Ich könnte versuchen mit den anderen
Kindern zu reden und ihnen klar zu machen, dass
sie das Mädchen mitmachen lassen sollten.

versuchen – Ich könnte mit ihr reden, dann geht es
ihr vielleicht besser, wenn sich jemand
um sie kümmert.

An Station 8 (s. **Abb. 31**, *S. 71)* befassten sich die Schüler mit den Aussagen von fünf Personen mit Behinderungen. Dabei ging es um die Art der Behinderung, ihre Ursache und alltägliche Schwierigkeiten der Personen. Die Schüler sollten sich jeweils mit einem „Schicksal" befassen und die Fragen dazu beantworten.

Prinzipiell hat der Schüler die Aufgabe an dieser Station zufrieden stellend gelöst. Dennoch habe ich sie insgesamt mit „0" bewertet, da die Aufgabe 1 nicht mit eigenen Worten beantwortet wurde und die Antwort auf die Frage 4 nicht differenziert genug ausfiel.

C. Inhaltliche Bewertung

Insgesamt sah die inhaltliche Bewertung folgendermaßen aus:

$$
\begin{array}{rllll}
5 & x & + & \hat{=} & 7{,}5 \\
2 & x & 0 & \hat{=} & 7{,}0 \\
1 & x & - & \hat{=} & 5{,}5 \\
\hline
 & & & & 20{,}0
\end{array}
$$

Note: **20 : 8 = 2,5 ≈ 2–**

Die Qualität der Antworten bewertete ich in diesem Fall mit 2–, da sich die schriftliche Leistung des Schülers eher im Zweierbereich bewegte. Dennoch war sie inhaltlich nicht so gut ausgefallen, als dass sie insgesamt mit einem lachenden Smiley hätte bewertet werden können. Diese kleine Einbuße bei der Note relativierte sich wieder in der Gesamtbewertung.

8 Das Schülerportfolio wird in dem betreffenden Kapitel ab S. 72 erläutert.

9 Literatur-Kartei: „Vorstadtkrokodile". Verlag an der Ruhr, ISBN 3-86072-258-1.

10 Vortragen, Zuhören, Kommunizieren. Ein Trainingsbuch. Verlag an der Ruhr, ISBN 3-86072-741-9. Keine Angst vor Referaten. Ein Lern- und Trainingsbuch. Verlag an der Ruhr, ISBN 3-86072-242-5.

11 Es wäre auch möglich, direkt Noten einzutragen, die Sie allerdings am Ende einem Smiley zuordnen müssten, um die Note später in das Bewertungsschema einfließen zu lassen.

12 Siehe hierzu: Klippert, Heinz: Methodentraining. Beltz, Weinheim 2000.

Station 8

Fünf Menschen

Aufgabenstellung:

Nimm dir eine ausgeschnittene Sprechblase und klebe sie in dein Heft. Beantworte anschließend folgende Fragen:

1. Wie ist die Behinderung eingetreten?
2. Welche Behinderung hat dieser Mensch?
3. Wie kommt die Person damit zurecht?
4. Überlege, ob der Mensch trotzdem ein glückliches Leben führt. Begründe deine Meinung.

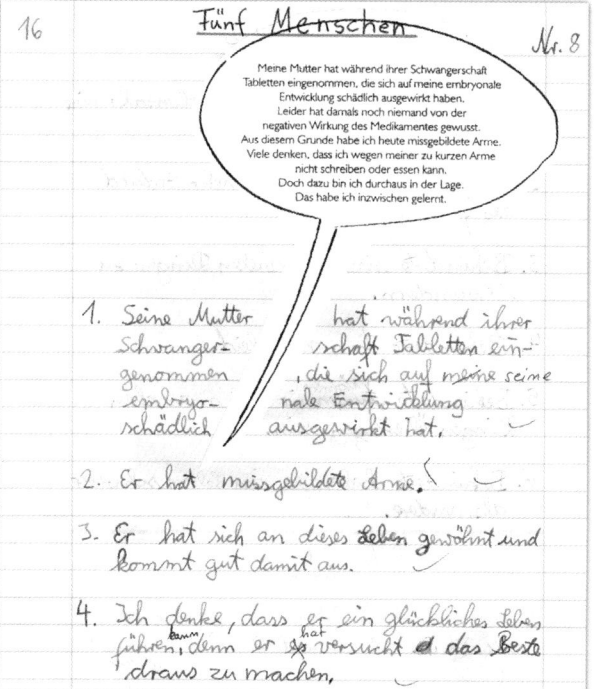

Abb. 31

Schülerportfolio

Sie werden sich möglicherweise fragen, was der Begriff „Portfolio",
der in den Bereich der Finanzwirtschaft fällt, mit Schule zu tun hat.
Ein Portfolio ist eigentlich ein Wertpapierdepot, das
mit verschiedenen Branchenaktien bestückt sein
kann. Im Italienischen versteht man unter
„Portafolio" die Brieftasche bzw. das
Portmonee. Wörtlich übersetzt bedeutet es
„Blattträger", wobei mit Blatt wohl das Papier-
geld gemeint ist. Das französischen Wort
„Portemonnaie" beinhaltet dagegen das
„Tragen von Geld".
Ganz allgemein bezeichnet ein Portfolio eine
Tasche oder Mappe, die eine bestimmte Art von Blättern enthält.
Das Prinzip findet sich auch in einem Schülerportfolio wieder. Das
Schülerportfolio enthält ausgewählte Schülerarbeiten zu einem oder
mehreren Großthemen innerhalb eines Faches (oder auch mehrerer
Fächer). In einem Portfolio können z. B. Gedichte gesammelt werden
(von denen dann die besten vorgetragen werden können) oder Projekt-
ergebnisse, Recherche-Material, Interviews, schriftliche Arbeiten,
Versuchsbeschreibungen und, und, und.

Dokumente, die in einer Portfolio-Mappe zusammengetragen werden, fallen in vier Kategorien:

1. **Arbeitsergebnisse, die im Rahmen des Unterrichts entstanden sind (Arbeitsblätter, Hausaufgaben, Texte, Projektergebnisse, Fotos, Mitschnitte von Referaten, Übersetzungen, Interpretationen etc.).**

2. **Arbeitsergebnisse, die außerhalb des Unterrichts auf Initiative der Schüler entstanden sind (Recherche-Material, Interviews, Fotos, (selbst verfasste) Texte, gesammelte Zeitungsartikel etc.).**

3. **Rückmeldungen und Beobachtungen der Lehrer**

4. **Reflexionen der Schüler**

Da in offenen Unterrichtsformen und besonders in der Freiarbeit sehr viel mehr schriftliche Arbeitsergebnisse anfallen als z. B. bei der Arbeit mit einem Schulbuch, bietet es sich an, diese in einer Portfolio-Mappe zu sammeln.
Wichtig ist dabei das Thema, die Aufgabenstellung und die Art der Arbeitsergebnisse. Die Schüler arbeiten produktionsorientiert, erstellen z. B. im Fach Kunst Bilder zu verschiedenen Themen oder Fotos. Im Englischunterricht sind Übersetzungen denkbar, Briefe oder Liedertexte, die zu einem Portfolio zusammengestellt werden können. In Geschichte wäre eine Auseinandersetzung mit verschiedenen Quellentexten möglich, die letztendlich analysiert werden.

Portfolios sind jedoch nicht Sammlungen irgendwelcher Schülerarbeiten, sondern eine gezielte Auswahl der bemerkenswertesten Ergebnisse. Der Schwerpunkt des Portfolios ist daher (in der Regel) nicht die Antwort auf eine vorgegebene Frage, sondern das selbstständige, kreative Arbeitsergebnis. Nichts Reproduziertes, schon zehnmal da Gewesenes, sondern etwas, was aus dem „Geiste" der Schüler entsprungen ist – selbstverständlich mit einigen Einschränkungen, wie beispielsweise die Einhaltung der äußeren Form bei Gedichten. Die ausgewählten Schülerarbeiten in einem Portfolio dokumentieren deren

Lernweg. Sie zeigen, welche Lernziele die Schüler bereits erreicht haben und welche sie noch anstreben. Eine wichtige Voraussetzung für die Einführung von Portfolios ist daher eine eindeutige Zielsetzung des Unterrichts. Die Schüler müssen die Ziele des Unterrichts und die Kriterien der Beurteilung genau kennen, damit sie gezielt Lernprodukte für das Portfolio auswählen können.

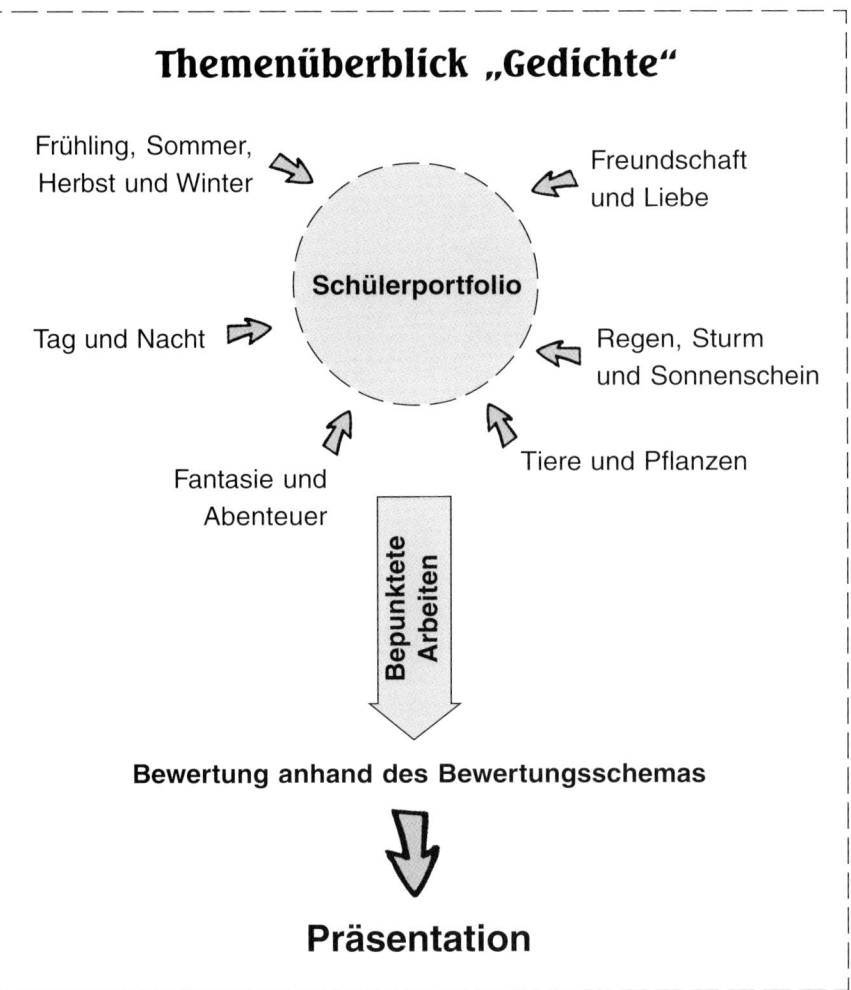

Beurteilungsschema zu einem Schülerportfolio mit integrierter Qualitätsnote

Abb. 33

Schrift		Gestaltung des Blattes		Ordnung, Schrift		Stationen vollständig		Fleiß		Qualität Gedichte		Note		
1 2	3 4	5 6	1 2	3 4	5 6	1 2	3 4	5 6	1 2	3 4	5 6	1 2	3 4	5 6
☺	☺	☹	☺	☺	☹	☺	☺	☹	☺	☺	☹	☺	☺	☹

Beurteilungsschema zu einem Schülerportfolio mit gesonderter Qualtätsnote

Abb. 34

Schrift		Gestaltung des Blattes		Ordnung, Schrift		Stationen vollständig		Fleiß		Note	Qualität Gedichte		Note Qualität	Note gesamt
1 2	3 4	5 6	1 2	3 4	5 6	1 2	3 4	5 6	1 2	3 4 5 6		1 2 3 4 5 6		1:4
☺	☺	☹	☺	☺	☹	☺	☺	☹	☺	☺ ☹		☺ ☺ ☹		

Ein Anwendungsbeispiel

Ein Beispiel aus meiner Unterrichtspraxis verdeutlicht das Vorgehen beim Schülerportfolio. Im Fach Deutsch arbeiteten meine Schüler an einem Lernzirkel zum Thema „Gedichte". Der Schwerpunkt der Schülerarbeiten lag dabei in dem produktionsorientierten Verfassen eigener Gedichte. Dabei wurden unterschiedliche methodische Anforderungen an die Schüler gestellt. Zu den Aufgaben erhielten die Schüler eindeutige Vorgaben, Hilfen, Nachschlagehinweise und Beispiele.

Die Schüler
⇨ verfassten Elfchen,
⇨ erfanden einen neuen Schluss zu einem Gedicht,
⇨ verfassten aus vorgegebenen Wörtern ein Gedicht,
⇨ schrieben einen Brief an einen Dichter,
⇨ setzten ein vorgegebenes Gedicht fort,
⇨ ...

Bei solchen Aufgabenstellungen bietet sich das Portfolio zur Dokumentation hervorragend an. Ich habe in diesem Fall die Portfolio-Methode für meine Unterrichtszwecke etwas abgewandelt und alle Schülerarbeiten in einer Mappe zusammengestellt. (Normalerweise verfügt jeder Schüler über sein eigenes Portfolio und sammelt darin ausgewählte Arbeitsergebnisse eines Faches oder verschiedener Fächer.) Während des Lernzirkels wurden die Gedichte und Briefe der Schüler alphabetisch nach Namen geordnet und in einem Ordner mit Registratur gesammelt. So entstand ein Portfolio mit unterschiedlichen produktionsorientierten Textarbeiten.

Bei einem Lernzirkel mit 6 Stationen (ohne Differenzierung) hat jeder Schüler insgesamt 6 Arbeiten in diesem Portfolio abgeheftet. Es entstand eine wunderbare Sammlung von Schülergedichten von unschätzbarem

Wert. – Übrigens sollten die Schüler, um dem Portfolio-Leitgedanken gerecht zu werden, ihre besten Arbeiten selbst auswählen dürfen und bei mehreren Versuchen zu einer Aufgabenstellung den gelungensten abheften.

Damit Sie bei einer Klassenstärke von 25 bis 30 Schülern nicht über 100 Arbeiten lesen und korrigieren müssen, können Sie das so genannte „Punkten" anwenden. Das Verfahren entlastet Sie als Lehrer; gleichzeitig lernen die Schüler ihre Arbeiten entsprechend der geforderten Kriterien selbst einzuschätzen.
Die Schüler haben beim „Punkten" die Möglichkeit, von den sechs Arbeiten zwei bis drei mit einem Punkt zu versehen. Dieser Punkt signalisiert Ihnen als Lehrkraft, dass nach Einschätzung des Schülers diese Arbeit

➪ besonders gut gelungen ist,
➪ mit viel Aufwand und Einsatz verbunden war,
➪ unbedingt einer Wertschätzung und Bewertung bedarf.

Neben der Selbsteinschätzung haben die Schüler auf diese Weise auch die Chance, diejenigen Arbeiten aus der Bewertung auszuschließen, deren Thematik ihnen nicht so ganz zusagte.
Es stellt sich nun die Frage, was mit diesen nicht bepunkteten Aufgaben passiert. Selbstverständlich dürfen wir sie nicht unter den Tisch fallen lassen, wie man so schön sagt. Eine Möglichkeit, die den Korrekturaufwand niedrig hält, ist, diese Arbeiten nach den formalen Kriterien zu beurteilen und sie im formalen Teil des Bewertungs-schemas zu berücksichtigen.

Solche formalen Kriterien sind beispielsweise
➪ Schrift,
➪ Genauigkeit/Sorgfalt,
➪ Gestaltung des Blattes.

Je nachdem, welche sonstigen Lernprodukte aus der Unterrichtsreihe „Gedichte" hervorgehen, können Sie nun von diesen zwei bis drei bepunkteten Arbeiten nur eine auswählen und nach allen Regeln der Kunst unter die Lupe nehmen. Wenn die Schülerarbeiten aus der

Portfolio-Mappe jedoch den Schwerpunkt der Unterrichtsreihe darstellen, sollten Sie nach Möglichkeit alle bepunkteten Arbeiten beurteilen.

Berücksichtigen sollten Sie dabei:
⇨ allgemeine Umsetzung des Arbeitsauftrags,
⇨ Einhaltung der Form,
⇨ Wortschatz,
⇨ je nach Gedichtform: Wahl der Reimwörter,
⇨ Rechtschreibung,
⇨ Ausdruck,
⇨ usw.

Aus den 2–3 benoteten Arbeiten ermitteln Sie eine Durchschnittsnote, ordnen dieser Note einen Smiley zu und tragen ihn entsprechend in die Rubrik „Qualität" Ihres Bewertungsschemas ein (**Abb. 33**, *S. 75)*.
Oder – dazu benötigen Sie das zweite Bewertungsschema von **Abb. 34** *(S. 75)* – Sie ermitteln aus den formalen Kriterien eine Note und fügen sie der Durchschnittsnote (Qualitätsnote) aus den korrigierten Arbeiten hinzu. Die beiden Noten können natürlich nicht gleich hoch gewichtet werden. Arbeiten Sie die unterschiedliche Gewichtung zwischen Inhalt und Form heraus, indem Sie die „Qualitätsnote" entsprechend einem bestimmten Verhältnis multiplizieren.

Ein Beispiel:
Die formalen Kriterien wurden gut erfüllt und insgesamt mit der Note 2– bewertet. Die Durchschnittsnote der bepunkteten Arbeiten aus dem Portfolio war dagegen eine glatte 4.
Nehmen wir einmal an, dass Sie das Verhältnis 1:4 zwischen Form und Inhalt wählen, dann müssen Sie folgendermaßen vorgehen:

Note	Gewichtung		
4,0	x	4	= 16,0
2,25	x	1	= 2,25
			18,25

Note: **18,25 : 5 = 3,65 ≈ 4+**

Auszug aus einer Schülerarbeit

Die folgende Schülerarbeit stammt aus dem Lernzirkel „Gedichte", den ich mit einer sechsten Klasse durchführte. Die Kinder wurden bereits in der 5. Klasse mit den Grundlagen von Gedichten vertraut gemacht: Sie lernten verschiedene Reimschemata kennen, lernten Gedichte auswendig, wobei sie gleichzeitig Vortragstechniken einübten, und interpretierten Herbstgedichte zeichnerisch. Im 6. Schuljahr habe ich das Thema „Gedichte" erneut aufgegriffen, vertieft und die Schüler zum produktionsorientierten Verfassen von Gedichten angeleitet.

Vor dem Einstieg in den Lernzirkel habe ich die Arbeitsanweisungen der einzelnen Stationen mit den Schülern besprochen und sie in Form eines DIN A3-Merkblattes im Klassenraum aufgehängt. Dieses Merkblatt enthielt alle Arbeitsanweisungen einschließlich Beispielen. Damit war eine selbstständige Erarbeitung der Gedichte möglich. Die Schüler sollten bei auftretenden Problemen folgendermaßen vorgehen:

1. Schritt: Merkblatt nochmals durchlesen,

2. Schritt: Mit einem Mitschüler das Problem besprechen,

3. Schritt: Helfertafel[13] benutzen,

4. Schritt: Wenn nichts mehr geht, die Lehrkraft fragen.

Aufbau des Lernzirkels

Der vorliegende Orientierungsbogen (**Abb. 35**, *S. 80)* gibt einen Einblick in den Aufbau des Lernzirkels.

Bereich	Das Gedicht heißt ...	☺/☺☺	OKAY
Frühling, Sommer, Herbst und Winter	Herbstbild *(Friedrich Hebbel)*	☺	
	Septembermorgen *(Eduard Mörike)*	☺☺	
Freundschaft und Liebe	Freundschaft *(Cyrus Atabay)*	☺	
	Nähe des Geliebten *(Johann Wolfgang von Goethe)*	☺	
Regen, Sturm und Sonnenschein	Am offenen Fenster bei Hagelwetter *(Georg Britting)*	☺☺	
	Wetterwendischer Tag *(Georg Britting)*	☺	
Tiere und Pflanzen	Raubritter *(Georg Britting)*	☺☺	
	Der Pflaumenbaum *(Bertolt Brecht)*	☺☺	
Fantasie und Abenteuer	Meeresstille *(Johann Wolfgang von Goethe)*	☺☺	
	Das Karussell *(Rainer Maria Rilke)*	☺	
Tag und Nacht	Mondnacht *(Joseph von Eichendorff)*	☺	
	In der Frühe *(Theodor Storm)*	☺	

Zusatzaufgabe: Suche dir einen Partner oder eine Partnerin. Wählt euch einen der oben aufgeführten Autoren aus und versucht so viel wie möglich über ihn herauszufinden. Schreibt anschließend einen ausführlichen Steckbrief (Plakat) und hängt ihn in euer Klassenzimmer. Bereitet euren Vortrag vor.

Abb. 35

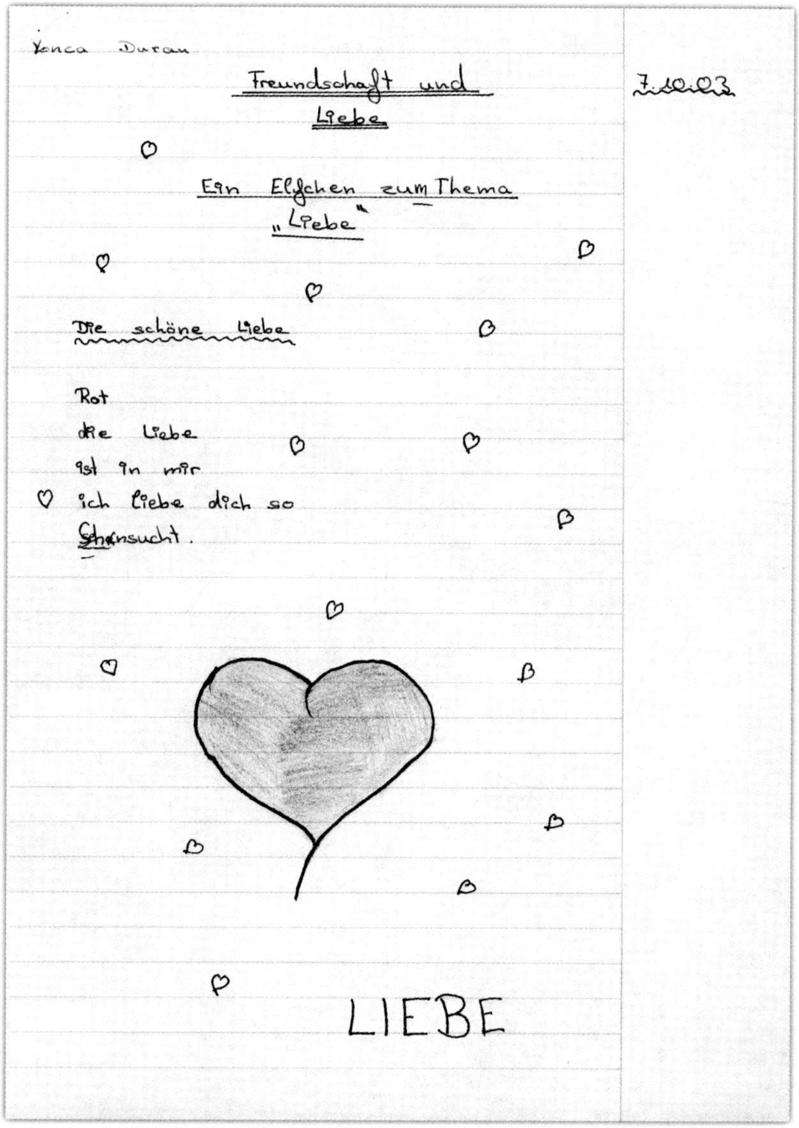

Yanca Duran

Freundschaft und
Liebe

7.10.03

Ein Elfchen zum Thema
„Liebe"

Die schöne Liebe

Rot
die Liebe
ist in mir
ich liebe dich so
Sehnsucht.

LIEBE

Abb. 36

Die Schüler erhielten 12 verschiedene Gedichte mit unterschiedlichen Themen, zu denen sie sich einen Arbeitsauftrag aussuchen durften. Die Arbeitsanweisungen waren sehr unterschiedlich. Sie reichten vom Stimmungsbild bis zum Schreiben eines eigenen Gedichtes. Am Ende sollten die Schüler in Partnerarbeit die Zusatzaufgabe vorbereiten und der Klasse vortragen. Die Autoren, mit deren Gedichten sich die Schüler beschäftigt hatten, wurden präsentiert und ihre Steckbriefe anschließend im Klassenraum aufgehängt.

Das fertige Portfolio mit annähernd 150 Schülerarbeiten nahm ich zur Beurteilung mit. Zur Bewertung der Arbeiten diente mir das Bewertungsschema aus **Abb. 37**. Ich nahm nach der ersten Durchsicht folgende Gewichtung vor:

Schrift	Gestaltung des Blattes	Ordnung	Arbeits- aufträge abge- schrieben	Fleiß, Anzahl der Stationen	☺ ☹ ☹	Note Qualität	Note gesamt 1:4
					Note (formal)		
1 X 3 4 5 6	1 X 3 4 5 6	1 X 3 4 5 6	1 2 X 4 5 6	1 2 3 X 5 6			
☺ ☹ ☹	☺ ☹ ☹	☺ ☹ ☹	☺ ☹ ☹	☺ ☹ ☹			

Abb. 37 *Beurteilungsschema für ein Schülerportfolio*

Da es mir bei dem Thema nicht nur auf die Erfüllung formaler Kriterien ankam, sondern vor allem auch auf die inhaltliche Ausgestaltung, wählte ich das Bewertungsschema mit „Qualitätsnote". In diesem konnte ich durch die Angabe eines bestimmten Verhältnisses (hier 1:4) zwischen formalen und qualitativen Kriterien die Bedeutung der inhaltlichen Qualität hervorheben.

Die vorliegende Arbeit (**Abb. 36**, *S. 81)* wurde von einer Schülerin verfasst, die sich sehr interessiert mit der Thematik „Freundschaft und Liebe" auseinander gesetzt hatte.

Das Elfchen zum Thema „Freundschaft und Liebe" hatte die Schülerin in der rechten Seitenecke mit einem Punkt versehen. Damit signalisierte sie, dass dieses Gedicht benotet werden sollte. Ebenso hat sie zwei weitere Arbeitsaufträge mit Punkten versehen und auch ansonsten die

geforderten sechs Arbeitsergebnisse in das Portfolio abgeheftet.
Damit erhält sie in der Spalte „Fleiß, Anzahl der Stationen" ein
lachendes Smiley.
Die Beurteilung fiel insgesamt folgendermaßen aus:

Schrift	Gestaltung des Blattes	Ordnung	Arbeits- aufträge abge- schrieben	Fleiß, Anzahl der Stationen	☺ 9 Note	☺ 3	☹ 0	Note Qualität	Note gesamt 1:4
1 2 3 4 5 6	1 2 3 4 5 6	1 2 3 4 5 6	1 2 3 4 5 6	1 2 3 4 5 6				**2**	**3**
☺ ☺ ☹ ✗	☺ ☺ ☹ ✗	☺ ☺ ☹ ✗	☺ ☺ ☹ ✗	☺ ☺ ☹ ✗				**3–**	

Abb. 38

Bei der Qualitätsnote erhielt die Schülerin
für das Elfchen und die beiden anderen
bepunkteten Aufgaben insgesamt eine 3–,
da sie bei den zwei weiteren Gedichten einige
formale Kriterien nicht eingehalten hatte und
diese beiden Gedichte leider auch sprachliche
Mängel aufwiesen.

Die Berechnung der Gesamtnote ermittelte
ich wie folgt:

Note   Gewichtung   Gesamtnote

$$1 \times 2 = 2{,}0$$
$$2 \times 3- = \underline{13{,}0}$$
$$15{,}0$$

Insgesamt 5 Anteile (1:4)

Note: **15 : 5 = 3,0**

Gesamtnotenwert

Für ihr Schülerportfolio erhielt die Schülerin die Gesamtnote 3.

13 Die Kinder schrieben in eine Tabelle, die an der Tafel notiert
war, ihren Namen und die Station, bei der sie Hilfe benötigten.

Thematische Arbeitsmappen

Viele Schulbuchverlage oder Verlage, die sich ausschließlich auf Unterrichtsmaterialien und -hilfen spezialisiert haben, bieten eine Vielzahl von Themenheften an, die eine Sammlung unterschiedlicher Arbeitsblätter und Aufgaben zu einem bestimmten Leitthema enthalten. Oft sind diese Materialien als Werkstätten oder Lernzirkel angelegt, können jedoch im Unterricht unterschiedlich eingesetzt werden (wie von den jeweiligen Verlagen angeregt, als Stationsläufe/Lernzirkel oder Werkstätten, aber auch als einzelne Arbeitsblätter in einem eher lehrergeleiteten Unterricht, zur Festigung oder Erarbeitung eines Themas oder zur selbstständigen Bearbeitung durch die Schüler in Freiarbeitsphasen). Diese Themenhefte und Mappen enthalten meist auch eine didaktische und methodische Einführung in das jeweilige Thema. Damit fällt eine direkte Umsetzung im Unterricht recht leicht. Die Beurteilung einer von den Schülern fertig gestellten Themenmappe ergibt sich aus ihrer jeweiligen Umsetzung im Unterricht und muss daher den jeweiligen Gegebenheiten angepasst werden.

Im Folgenden erhalten Sie einen Einblick in die Beurteilung einer Arbeitsmappe zum Thema „Römer", an der meine Schüler insgesamt etwa sechs Unterrichtsstunden gearbeitet haben. Auch hier sei bemerkt, dass es sich nur um Bewertungsvorschläge handelt, die Sie selbstverständlich individuell an Ihren Unterricht und dessen Schwerpunkte anpassen können.

Themenheft „Römer"

In Absprache mit dem Jahrgangsteam stellte ich im Geschichtsunterricht einer 7. Klasse ein Themenheft zu der Unterrichtsreihe „Römer" zusammen, mit dessen Hilfe sich die Schüler die Grundlagen der Thematik erarbeiten sollten. Wie bereits beim Lernzirkel „Menschen mit Behinderungen" wurden auch hier vorab Referatsthemen an einige Schüler verteilt, um einige Lerninhalte zu vertiefen und zu ergänzen, und um das Referieren, Präsentieren sowie die selbstständige Beschaffung von Informationen einzuüben.

Der Laufzettel wurde bei dem Themenheft durch das Inhaltsverzeichnis ersetzt. Anstelle der Stationszahlen stehen hier die Seitenzahlen. Ansonsten weist es die gleichen Informationen auf wie ein Laufzettel *(S. 88)*. Die Bewertungskriterien wurden der Thematik und der Arbeitsform angepasst und weichen daher bei dieser schriftlichen Freiarbeit von den bereits bekannten Bewertungsschemen etwas ab.

Konzipiert wurde das Themenheft, wie bereits erwähnt, für eine 7. Klasse. Bei dieser Altersstufe durften einige formale Grundfertigkeiten, wie z. B. die Einhaltung des Randes, bereits vorausgesetzt werden. Dafür rückten bei der Beurteilung einige fachliche Schwerpunkte in den Mittelpunkt, wie z. B. die Auseinandersetzung mit Karten- und Bildmaterial und ihre farbige Ausgestaltung. Im Hinblick darauf, dass es sich bei der thematischen Arbeitsmappe um eine Arbeit handelte, die die Schüler des gesamten Jahrgangs durchführten, musste ein Bewertungsvergleich möglich sein. Daher wurden die Beurteilungskriterien und ihre Gewichtung einheitlich festgelegt.

Die Bewertungskriterien wurden den Schülern bereits mit der Mappe dargelegt. Das erleichterte ihnen den Umgang mit dem Material, da ihnen von Anfang an die Schwerpunkte bekannt waren. Dieser Umgang mit Bewertungskriterien hilft Schülern und Eltern die Beurteilung transparent zu machen.

Damit die Schüler sich vor der Bearbeitung des Themenheftes einen Überblick über dessen Inhalte verschaffen konnten, sah es das Konzept vor, dass sie das Inhaltsverzeichnis sowie die Seitenzahlen selbst eintragen sollten (**Abb. 40**, *S. 88)*. Anders als beim Lernzirkel durften die Schüler beim Themenheft auch die Sozialform (Einzel-, Partner- oder Kleingruppenarbeit) selbst wählen. Ferner sollten die Schüler bei den frei formulierten Aufgabenstellungen der Partnerarbeit oder Kleingruppe die Namen der anderen Gruppenteilnehmer nennen, damit die Lehrkraft das Ergebnis für alle Gruppenmitglieder gleich bewerten konnte.

Bewertung des Themenheftes

Im Inhaltsverzeichnis wurde in der Spalte „Bewertung" die inhaltliche Qualität der Arbeiten, die die Schüler nicht mithilfe einer Lösungsvorlage überprüfen konnten, mit einem +, einer 0 oder einem − bewertet *(S. 60)*. Es wurden also lediglich die schriftlich ausformulierten Antworten der Schüler beurteilt. Ansonsten diente diese Spalte der Ermittlung der Qualitätsnote, die dann wiederum im Beurteilungsschema in die Rubrik „Qualität der Antworten" einfloss.

Die übrigen Seiten der Arbeitsmappe wurden dann nur mit kurzen Bemerkungen wie „toll", „unvollständig", „Lösung?" kommentiert.

Für diese Seiten sind die Bearbeitungskriterien bereits in den übrigen Rubriken des Bewertungsschemas dieser Arbeitsmappe eingegangen.

Die Schüler sollten möglichst alle Arbeitsblätter in chronologischer

Reihenfolge bearbeiten. Zur Überprüfung der eigenen Arbeitsergebnisse stand ihnen eine Lösungsmappe zur Einsicht bereit. Ich habe darüber hinaus stichprobenartig kontrolliert, ob die Schüler ihre Antworten mithilfe der Lösungsmappe verglichen haben, damit sich dieser Arbeitsschritt auch wirklich einprägte.

Im Folgenden (**Abb. 39**) sehen Sie ein leeres Inhaltsverzeichnis, wie es die Schüler erhalten haben. Unterhalb des Inhaltsverzeichnisses befindet sich das Bewertungsschema, einschließlich Notenspiegel und dem Platzhalter für die Unterschrift eines Erziehungsberechtigten. Diese „Formalia" betonten die Wichtigkeit der Arbeitsmappe, was die Schüler wiederum offensichtlich dazu motivierte, sorgfältiger und gewissenhafter zu arbeiten.

Inhaltsverzeichnis

Seite	Thema	Sozialform	Datum	Bewertung

Bewertung

Inhalts- verzeichnis						Karten und Abbildungen ausgemalt						Schrift, Füller, Buntstifte						Zustand der Arbeits- mappe						Texte markiert und Aufgaben bearbeitet						Bearbeitung der Mappe vollständig						Lösungen überprüft und korrigiert						Qualität der Antworten						Note:		
1	2	3	4	5	6	1	2	3	4	5	6	1	2	3	4	5	6	1	2	3	4	5	6	1	2	3	4	5	6	1	2	3	4	5	6	1	2	3	4	5	6	1	2	3	4	5	6	
☺		☺		☹		☺		☺		☹		☺		☺		☹		☺		☺		☹		☺		☺		☹		☺		☺		☹		☺		☺		☹		☺		☺		☹

Abb. 39

1	2	3	4	5	6	Ø

Unterschrift eines Erziehungsberechtigten

Auszug aus einer Schülerarbeit

Die folgenden Beispiele stellen Auszüge aus der thematischen Arbeitsmappe einer Schülerin dar. Es sind Antworten zu den Aufgabenstellungen der Arbeitsblätter 2, 8 und 12 sowie das von der Schülerin ausgefüllte Inhaltsverzeichnis.

Inhaltsverzeichnis

Abb. 40

Seite	Thema	Sozialform	Datum	Bewertung
1	Die Anfänge Roms	☺	9.10.03	✓
2	Das Leben im altrömischen Stadtstaat	☺	9.10.03	0
3	Vom Königreich zur Republik	☺	9.10.03	✓
4	Die Römer gründen ein Weltreich	☺ ☺	10.10.03	✓
5	Wie das Weltreich verwaltet wurde	☺ ☺	10.10.03	—
6	Die Weltstadt Rom	☺	10.10.03	✓
7	Städtisches Leben in der Weltstadt Rom	☺ ☺	14.10.03	✓
8	Christen im Römerreich	☺	14.10.03	—
9	Die Germanen	☺	14.10.03	✓
10	Vom Zusammenleben der Germanen	☺	14.10.03	—
11	Die Römer in Germanien	☺	15.10.03	✓
12	Die Germanen lernen von den Römern	☺	15.10.03	0
13	Römerhaus: Basteln	☺	16.10.03	✓
14	Ergänzungsaufgabe 8.2	☺	16.10.03	
15	Ausschneide Blatt 8.1	☺	9.10.03	
16	Ausschneide Blatt 8.2	☺	10.10.03	

Bewertung

↳ 5 li

Inhalts-verzeichnis	Karten und Abbildungen ausgemalt	Schrift, Füller, Buntstifte	Zustand der Arbeits-mappe	Texte markiert und Aufgaben bearbeitet	Bearbeitung der Mappe vollständig	Lösungen überprüft und korrigiert	Qualität der Antworten	Note:
1 ⊠3 4 5 6	⊠2 3 4 5 6	⊠2 3 4 5 6	⊠2 3 4 5 6	1 ⊠3 4 5 6	1 ⊠3 4 5 6	1 ⊠3 4 5 6	1 2 3 4 5 ⊠	3 7/
☺ ☺ ☺	☺ ☺ ☺	☺ ☺ ☺	☺ ☺ ☺	☺ ☺ ☺	☺ ☺ ☺	☺ ☺ ☺	☺ ☺ ☺	
X	X	X	X	X	X	X	X	10 1 6

1	2	3	4	5	6	∅

Unterschrift eines Erziehungsberechtigten

Seite 2

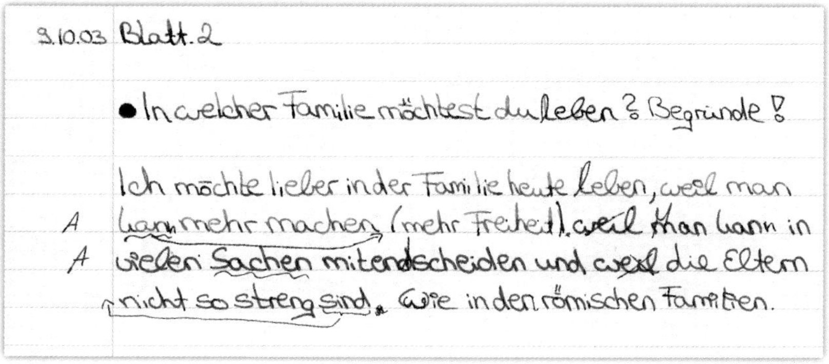

> 3.10.03 Blatt. 2
>
> • In welcher Familie möchtest du leben? Begründe!
>
> Ich möchte lieber in der Familie heute leben, weil man
> A kann mehr machen (mehr Freiheit), weil man kann in
> A vielen Sachen mitentscheiden und weil die Eltern
>   nicht so streng sind. Wie in den römischen Familien.

Abb. 41

Seite 5

Betrachte das Bild und erzähle was du siehst.

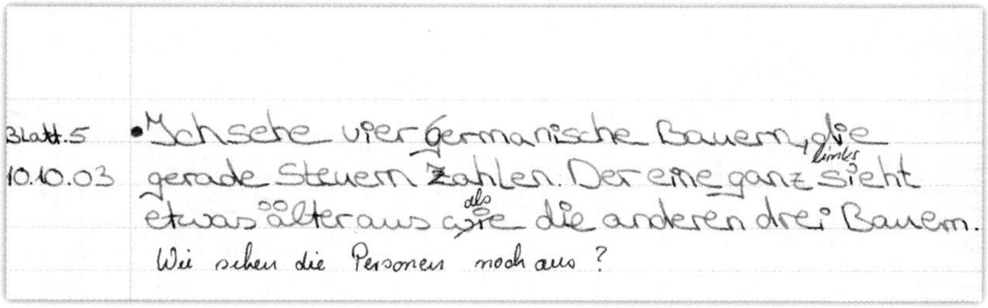

> Blatt.5   • Ich sehe vier germanische Bauern, die
> 10.10.03   gerade Steuern zahlen. Der eine ganz sieht
>   etwas älter aus als die anderen drei Bauern.
>   Wie sehen die Personen noch aus?

Abb. 42

Seite 8

Versuche mithilfe des Textes herauszufinden, warum immer mehr Menschen sich dem christlichen Glauben zuwendeten. Überlege, ob du auch Christ geworden wärst, wenn du damals in Rom gelebt hättest. Begründe deine Entscheidung. Schaue dir die Abbildung genau an. Was denkst du über die Christenverfolgung?

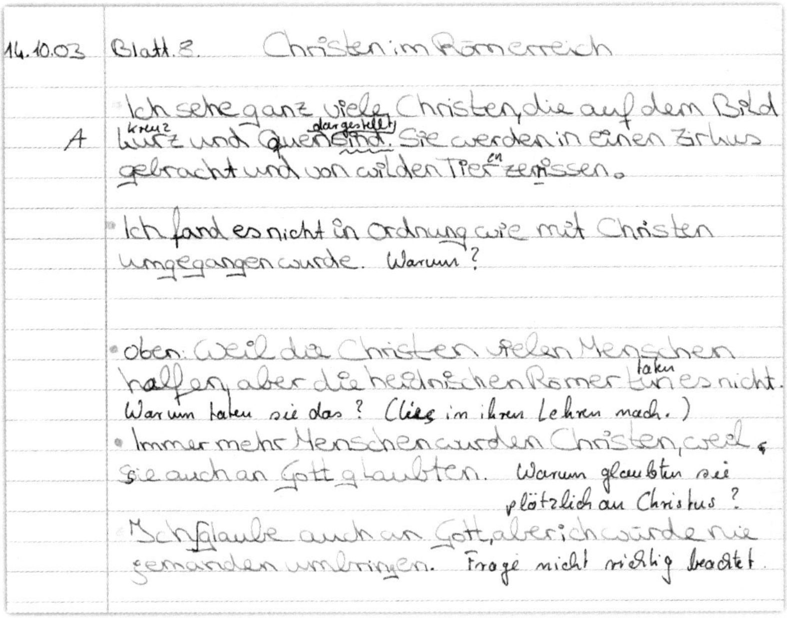

14.10.03 Blatt 8. Christen im Römerreich

A • Ich sehe ganz viele Christen, die auf dem Bild kurz (kreuz) und quer sind (dargestellt). Sie werden in einen Zirkus gebracht und von wilden Tier(en) zerrissen.

• Ich fand es nicht in ordnung wie mit Christen umgegangen wurde. Warum?

• oben: Weil die Christen vielen Menschen halfen, aber die heidnischen Römer tun (taten) es nicht. Warum taten sie das? (Lies in ihren Lehren nach.)

• Immer mehr Menschen wurden Christen, weil sie auch an Gott glaubten. Warum glaubten sie plötzlich an Christus?

Ich glaube auch an Gott, aber ich würde nie gemanden umbringen. Frage nicht richtig beachtet.

Abb. 43

Seite 12

Betrachte die Abbildung von Köln zur Römerzeit.
Beschreibe, was du alles erkennen kannst.

Blatt:12

Köln in der Römerzeit

Köln war sehr groß in der Römerzeit. Die Straßen waren gepflastert. Viele Häuser, eine Kirche, große Seen 3-4, Segelschiffe. Viele Wege. Rum Wald, denn es war ein großer Wald. Was für ein See? Vielleicht ein Fluss?
Wie sahen die Häuser aus? Was ist mit den Brücken?
Es gibt noch einen großen freien Platz (Marktplatz?) Was war um die Stadt herum?
Am Grenzwall tauschten Germanen und römische Soldaten und ihre Frauen. Sie tauschten Vasen, Felle, Flaschen, Gänse. Die Verkäufer und die Tauschleute saßen auf dem Boden mit ihrem ganzen Kram. Waren

A

Güter = Vasen
= Felle
= Flaschen
= Gänse, Gänsefedern
= Frauenhaare

Abb. 44

Die Auszüge der Schülerarbeiten zeigen deutlich, wie wichtig es gerade in offenen Unterrichtsformen ist, die Schüler auch zu einer inhaltlichen Auseinandersetzung mit den Themen anzuleiten. Die gesamte Mappe wurde von der Schülerin, deren Arbeiten hier abgebildet sind, zwar sorgfältig bearbeitet, in puncto Qualität jedoch zeigt sie leider deutliche Schwächen. Wie aus dem Bewertungsschema hervorgeht, hat sie die formalen Kriterien erfüllt und hierfür – außer bei dem Punkt „Karten und Abbildungen ausgemalt" – ein lachendes Smiley erhalten (insgesamt die Note 2+).

Die inhaltlichen Schwächen der Antworten erstrecken sich jedoch von der falschen/oberflächlichen Wiedergabe des Inhalts bis hin zu Fehlern in der Rechtschreibung. Zum Teil hat die Schülerin die Aufgaben falsch oder nur oberflächlich beantwortet, die Abbildungen nicht ausführlich beschrieben, falsch interpretiert oder nicht richtig recherchiert und zudem noch viele Rechtschreib- und Grammatikfehler gemacht.
Alles in allem ergab sich aus den Beurteilungen, die im Inhaltsverzeichnis eingetragen wurden, folgende Berechnung:

1. **Zählen und Eintragen**

2. **Ablesen anhand der Berechnungstabelle**

$\downarrow$

$$0 \text{ x } + \ \hat{=} \quad 0{,}0$$
$$2 \text{ x } 0 \ \hat{=} \quad 7{,}0$$
$$3 \text{ x } - \ \hat{=} \ 16{,}5$$
$$\overline{\qquad \quad 23{,}5}$$

3. **Berechnung der Note**

Insgesamt konnten 5 Smilies vergeben werden.

$\downarrow$

23,5 : 5 = 4,7

$\uparrow$

Gesamtnotenwert

Note: 4,7 ≈ 5+ ☹

Es standen nun die Noten 5+ oder 5 zur Disposition, bedingt sogar die 4–. Da die Leistungen bei den mit „0" bewerteten Antworten eher zur 4 als zur 3 tendierten, entschied ich mich für die Note 5. Welche Gesamtnote erhielt nun die Schülerin, wenn man die Beurteilungen aus den übrigen Kriterien hinzu rechnete?
Nach dem Beurteilungsschema ergab sich folgende Berechnung:

 **1.** **Zählen und Eintragen der Smilies**

2. **Ablesen anhand der Berechnungstabelle**

$$10 \text{ x } ☺ \ \widehat{=} \ 15{,}0$$
$$1 \text{ x } ☹ \ \widehat{=} \ 3{,}5$$
$$6 \text{ x } ☹ \ \widehat{=} \ \underline{33{,}0}$$
$$51{,}5$$

 3. **Berechnung der Note**

> Insgesamt konnten 17 Smilies vergeben werden.

51,5 : 17 = 3,02

↑

Gesamtnotenwert

Note: 3,02 ≈ 3 ☺

An dieser Stelle gab es nun die Möglichkeit die Note 3+, 3 oder 3– zu vergeben. Hier entschied der Gesamteindruck.
In Anbetracht der eher schwachen inhaltlichen Bearbeitung entschied ich mich in diesem Fall für die Note 3–, die am ehesten dem Gesamtbild der Arbeitsmappe entsprach.

Fehlervermeidung

Das folgende Beispiel soll zeigen, dass eine falsche Gewichtung oder eine Vorabgewichtung[14] der formalen Kriterien zu einer falschen Benotung führen kann. Vor allem dann, wenn die Qualität der Antworten Schwerpunkt der Bewertung sein sollte.

Angenommen, ein schwacher Schüler hätte bei der eben besprochenen thematischen Arbeitsmappe bei dem Kriterium Qualität ein trauriges Smiley ☹ erhalten, und nehmen wir weiter an, dass

1. er den Laufzettel geführt hat,

2. er alle Überschriften hervorgehoben hat,

3. der Schüler in puncto Schrift und Ordnung Schwächen gezeigt hat,

4. er alle Arbeitsblätter ordentlich eingeklebt hat,

5. der Zustand seines Heftes, bedingt durch seine Schwächen im Bereich Ordnung, eher mangelhaft ist,

6. der Schüler sein Heft pünktlich abgegeben hat

7. und er eine Stationsseite nicht bearbeitet hat.

Dann ergäbe sich folgende Berechnung:

Laufzettel geführt	Überschriften aufgeschrieben, hervorgehoben	Schrift, Ordnung, Rand, Lineal	Arbeitsblätter eingeklebt	Zustand des Heftes	Abgabe pünktlich	Stationen vollständig	Qualität der Antworten	☺ ☺ ☹ Note
1 2 **3** 4 5 6	1 **2** 3 4 5 6	1 2 **3** 4 5 6	1 2 3 **4** 5 6	1 2 **3** 4 5 6	1 **2** 3 4 5 6	1 2 3 **4** 5 6	1 2 3 4 5 **6**	
☺ ☺ ☹	☺ ☺ ☹	☺ ☺ ☹	☺ ☺ ☹	☺ ☺ ☹	☺ ☺ ☹	☺ ☺ ☹	☺ ☺ ☹	
✗	✗	✗	✗	✗ ✗		✗	✗	

Abb. 45 *Bewertungsschema mit Vorabgewichtung*

 **Zählen und Eintragen der Smilies**

 Ablesen anhand der Berechnungstabelle

$$11 \times ☺ \; \hat{=} \; 16,5$$
$$8 \times ☺ \; \hat{=} \; 28,0$$
$$9 \times ☹ \; \hat{=} \; 49,5$$
$$\overline{94,0}$$

 Berechnung der Note

> Insgesamt konnten 28 Smilies vergeben werden.

$$94 : 28 = 3,36$$

Gesamtnotenwert

Note: 3,36 ≈ 3– ☺

Rein rechnerisch würde der Schüler eine 3, eine 3– oder eine 4+ erhalten. An dieser Stelle wird aber die Fehleinschätzung deutlich. Ein Schüler würde, obwohl er bei den Qualitätskriterien quasi eine 5 bis 6 erhalten hat, wegen der befriedigenden Heftführung immer noch eine 3 bis 4 bekommen. Dies entspräche aber nicht den Vorstellungen einer ausgewogenen und qualitätsorientierten Bewertung. Sie könnten aber auch den pädagogischen Spielraum nicht derart nutzen, dass Sie dem Schüler eine 4– oder 5+ geben, obwohl dies eher seiner Leistung entsprechen würde. Der Grund für das verzerrte Ergebnis liegt in der

falschen Gewichtung der Kriterien, die in diesem Fall sogar vorab
festgelegt wurde. In der Jahrgangsstufe 7 hätten die Kriterien

⇨ Laufzettel geführt,
⇨ Überschriften aufgeschrieben, hervorgehoben,
⇨ Schrift Ordnung, Rand, Lineal,
⇨ Arbeitsblätter eingeklebt,
⇨ Zustand des Heftes,
⇨ Abgabe pünktlich,
⇨ Stationen vollständig,

mit 1 oder höchstens 2 gewichtet werden dürfen.
Sehen wir uns das Ergebnis mit einer veränderten Gewichtung an:

Laufzettel geführt	Überschriften aufgeschrieben, hervorgehoben	Schrift, Ordnung, Rand, Lineal	Arbeitsblätter eingeklebt	Zustand des Heftes	Abgabe pünktlich	Stationen vollständig	Qualität der Antworten	☺ ☺ ☹
1 2 3 4 5 6	1 2 3 4 5 6	1 2 3 4 5 6	1 2 3 4 5 6	1 2 3 4 5 6	1 2 3 4 5 6	1 2 3 4 5 6	1 2 3 4 5 6	Note
☺ ☺ ☹	☺ ☺ ☹	☺ ☺ ☹	☺ ☺ ☹	☺ ☺ ☹	☺ ☺ ☹	☺ ☺ ☹	☺ ☺ ☹	
✗	✗	✗	✗		✗ ✗	✗		✗

Abb. 46

1. **Zählen und Eintragen der Smilies**

2. **Ablesen anhand der Berechnungstabelle**

4 x ☺ ≙ 6,0
4 x ☺ ≙ 14,0
7 x ☹ ≙ 38,5
―――――
58,5

3. **Berechnung der Note**

Insgesamt konnten 15
Smilies vergeben werden.

58,5 : 15 = 3,9

Gesamtnotenwert

Note: 3,9 ≈ 4 ☺

Nun würde der Schüler eigentlich eine 4 erhalten. Es liegt nun in Ihrem Ermessen zu entscheiden, ob Sie nun von dieser Note abweichen möchten, denn es steht auch die Note 4– zur Entscheidung offen. Wenn Sie zwischen zwei Noten entscheiden müssen, dann sollte die Qualitätsnote den Ausschlag geben.

Sie haben in diesem Rahmen einen legitimen Handlungsspielraum, der jeder Diskussion mit Schülern, aber auch mit der Elternschaft standhält.

Die Vorabgewichtung bietet zwar den Schülern mehr Transparenz, es bleibt Ihnen aber nur ein kleiner Handlungsspielraum, um eine endgültige Bewertung in Richtung Qualität der Arbeit vorzunehmen. Ebenso können formale Kriterien, die Sie vielleicht schon abgehakt hatten, plötzlich wieder an Bedeutung gewinnen, weil sich beispielsweise bei vielen Ihrer Schüler eine gewisse Nachlässigkeit eingeschlichen hat. Dann haben Sie die Möglichkeit, das eine oder andere formale Kriterium wieder mehr zu gewichten als Sie es zuvor geplant hatten.

Beurteilung kognitiver Leistung

In diesem Kapitel werden Möglichkeiten der kognitiven Leistungsüberprüfung bei der Freiarbeit aufgezeigt. Neben der Beurteilung schriftlicher Leistungen und Lernziele wie Teamfähigkeit, Konzentrationsvermögen, Arbeitsplatzorganisation usw. ergibt sich bei offenen Unterrichtsformen zwangsläufig immer die gleiche Frage:

„Sind nun eigentlich auch die Lerninhalte verstanden worden?"

Ein Schuh, der uns Lehrer immer wieder aufs Neue drückt: Ist nur derjenige Lehrer ein guter, dessen Schüler die Lerninhalte gelernt haben und diese wie aus der Pistole geschossen wiedergeben können? Streifen wir diesen Schuh endlich ab, denn Unterricht verfolgt unterschiedliche Lernziele und ist nicht nur auf die kognitiven Lernziele beschränkt.

Sicherlich werden Ihre Schüler einiges während der Freiarbeit behalten haben, nichtsdestoweniger wird es viele Fakten geben, die sie nicht mehr genau wissen oder schlichtweg vergessen haben. Zur Überprüfung der kognitiven Lernziele nach einem Lernzirkel/Stationslauf, einer Arbeitsmappe oder einer Werkstattarbeit gibt es jedoch eine Reihe von Möglichkeiten, die motivierend und zugleich effizient sind.

Lerninhalte überprüfen

A: Fragen zu allen Pflichtstationen

Eine Möglichkeit Lerninhalte zu überprüfen besteht darin, Fragen zu den Pflichtstationen zu formulieren. Entweder formulieren Sie diese selbst oder entnehmen sie den Arbeitsaufträgen und Abbildungen oder die Schüler tun dies pärchenweise. Selbstverständlich müssen die von den Schülern zusammengestellten Fragen auch vorab mit Antworten versehen werden, damit Sie im Zweifelsfall wissen, auf was die Schüler bei der jeweiligen Frage hinaus wollten. Sie können dabei folgendermaßen vorgehen:

1. Sie sammeln alle Fragen und Abbildungen/Grafiken ein,
2. ordnen diese,
3. verwerfen doppelte oder nicht sinnvolle Fragen
4. und bringen eine für das Verstehen des Themas erforderliche Menge auf ein Arbeitsblatt.

Die Schüler erhalten den Fragenkatalog entweder zur Vorbereitung eines Tests oder einer Klassenarbeit (in die jedoch nur ein Teil der Fragen eingehen sollte plus zwei bis drei zusätzliche, unbekannte Fragen zur Leistungsdifferenzierung). Oder Sie wählen eine etwas motivierende Methode der Leistungsüberprüfung und gestalten aus den gesammelten Fragen ein Klassenquiz.

B: Präsentation einzelner Stationen

Eine weitere Möglichkeit der Leistungsüberprüfung besteht darin, die einzelnen Stationen an Kleingruppen zu „verlosen". Diese müssen dann die jeweilige Station bzw. die von ihnen erarbeiteten Ergebnisse der

Klasse in geeigneter Form vorstellen. Dies kann – wenn es zuvor schon einmal trainiert wurde – in Form einer Präsentation stattfinden und/ oder anhand von Folienvorlagen. Dabei beschäftigen sich alle Schüler arbeitsteilig erneut mit den einzelnen Themen.

Damit sich nicht nur die Kleingruppen, sondern alle Schüler vor der Präsentation mit den Inhalten auseinandersetzen, können Sie die Stationen auch erst nach einer vorgegebenen gemeinsamen Bearbeitungszeit verlosen. So weiß vorab niemand, welche Station von wem vorgestellt werden muss. Damit erreichen Sie, dass sich wirklich jeder Schüler mit seinen Arbeitsergebnissen beschäftigt. Natürlich müssen Sie die Art der Präsentation dann auch bewerten. Sie können sie in die Beurteilung der schriftlichen Arbeitsergebnisse einfließen lassen oder auch getrennt in der Rubrik „Präsentation" des Bewertungsschemas für die Gruppenarbeit erfassen.

C: Stations- oder Mappenrallye

Bei der Stations- oder Mappenrallye entwerfen die Schüler zu bestimmten Stationen oder zu Seiten aus der Arbeitsmappe zu zweit oder zu dritt ein Lernplakat mit allen wichtigen Lerninhalten. Anschließend formuliert jedes Pärchen/jede Kleingruppe 4 bis 5 Fragen zu den Lerninhalten des Plakats. Informieren Sie die Kinder, dass alle Antworten auf den Lernplakaten zu finden sein müssen. Danach sammeln Sie die Fragen einschließlich der Antworten jeder Kleingruppe ein und erstellen einen Fragenkatalog zu jedem Plakat, der an alle anderen Gruppen ausgeteilt wird. Jede Gruppe muss nun alle Fragen mittels der Lernplakate in Form einer Rallye beantworten. Sie sammeln die Antworten der Gruppen ein und bewerten das Ergebnis.

Benoten Sie die Leistungen wie einen Test oder eine Lernkontrolle, und geben Sie ruhig der gesamten Gruppe die gleiche Note oder lassen Sie die Note in das Bewertungsschema mit einfließen.

D: Das Expertenquiz

In den letzten Jahren schossen im Fernsehen Quizsendungen wie Pilze aus dem Boden. Jeder Sender besitzt mittlerweile seine eigene Quizsendung – die bekannteste unter ihnen ist wohl „Wer wird Millionär?". Viele Schüler sind begeisterte „Quizfans" und kennen sich mit den Regeln hervorragend aus. Nutzen Sie dieses Wissen und die Begeisterung und veranstalten Sie ein solches Expertenquiz beispielsweise zum Thema „Römer". Sammeln Sie Fragen zu diesem speziellen Thema, lassen Sie die Schüler Kandidaten und Moderatoren wählen, entwerfen Sie mit den Kindern entsprechende Kulissen, denken Sie sich einen Preis aus und legen Sie los. Denkbar wäre auch ein jahrgangsweites Expertenquiz zu veranstalten, bei dem alle Klassensieger gegeneinander antreten. Wenn Ihre Schüler erst einmal einige Runden gespielt haben, sind sie in ihrem Thema fit. Sollten die Fragen, die die Schüler selbst zusammengestellt haben, zu leicht sein, können Sie einige eigene Fragen hinzufügen.

 TIPP: Sammeln Sie alle Fragen, auch die aus der Stations- und Mappenrallye, in einer Lernkartei, die immer wieder nachgeschlagen und zum Lernen für eine bevorstehende Klassenarbeit genutzt werden kann.

Lassen Sie der eigenen Fantasie und der Ihrer Schüler freien Lauf, planen Sie gemeinsam und trauen Sie sich ruhig auch mal etwas Unkonventionelles zu.

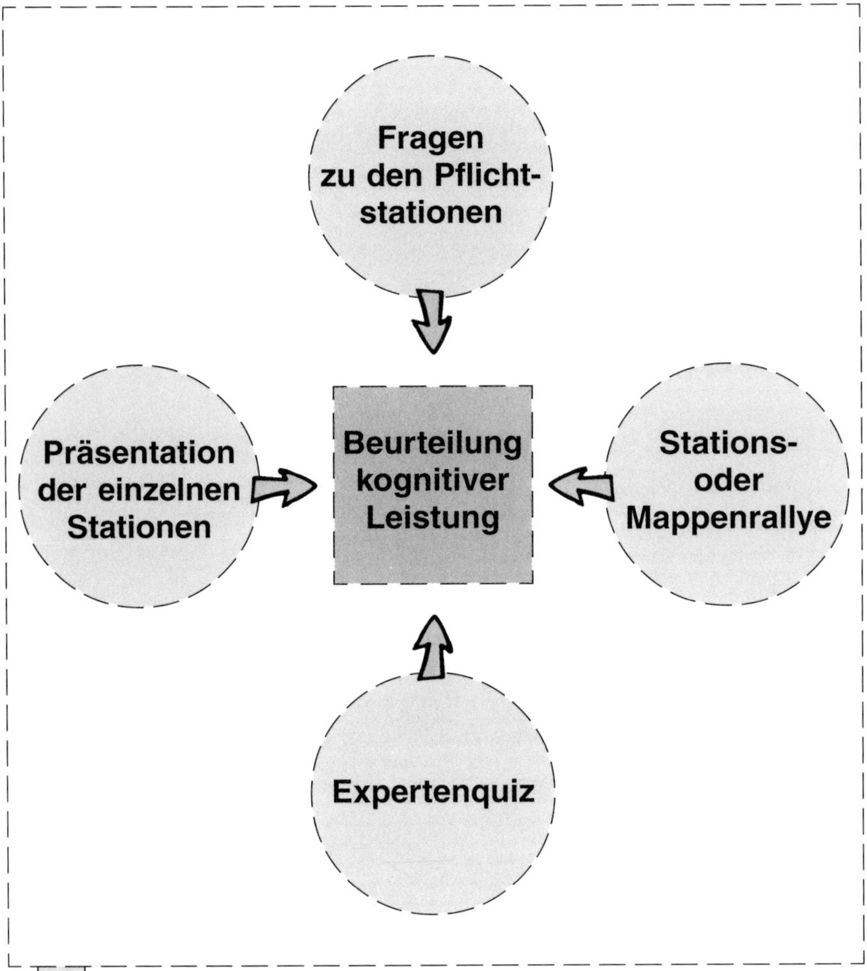

Fragen
zu den Pflicht-
stationen

Präsentation
der einzelnen
Stationen

Beurteilung
kognitiver
Leistung

Stations-
oder
Mappenrallye

Expertenquiz

Übersicht: Beurteilung kognitiver Leistung

Abb. 47

14 Die Schüler erhalten mit dem Laufzettel oder dem Inhaltsverzeichnis bereits das gewichtete Bewertungsschema.

Anhang

Bewertungsvorlagen und Tabellen

Auf den folgenden Seiten finden Sie eine Vorschau auf die Tabellen und Vorlagen, die sich auf der beiliegenden CD befinden. Alle Vorlagen liegen in Wordformat vor, so dass Sie diese ganz individuell zu Ihrem Gebrauch verändern können.

Die Beurteilungsschemen sind in zweifacher Ausfertigung auf der CD vorhanden: als Blankovorlagen, in die Sie Ihre eigenen Bewertungs-kriterien einsetzen können und als bereits vorgefertigte Tabellen mit den von mir benutzten Kriterien.

Zusätzlich befinden sich auf der CD noch ein paar praktische Vorlagen, wie z.B. ein Arbeitsplan für die Freiarbeit oder auch ein Übersichtsplan für die Stationsarbeit, in dem Ihre Schüler schriftlich festhalten können, welche Station sie bereits bearbeitet haben. Damit behalten Sie und Ihre Schüler die Übersicht darüber, wie weit die gesamte Klasse mit der Arbeit ist. Am besten vergrößern Sie diesen Übersichtsplan auf DIN-A3-Format und hängen ihn gut sichtbar mit den Namen der Schüler versehen im Klassenraum auf.

Das Blanko-Inhaltsverzeichnis, das Sie ebenfalls auf der CD finden, können Ihre Schüler in ihr jeweiliges Fach-Heft einkleben (am besten auf die erste Seite), wobei sie dann alle folgenden Hauptthemen des Faches mit Seitenzahl und Datum dort eintragen. Weisen Sie am Anfang einer Unterrichtsreihe bzw. eines neuen Themas die Schüler darauf hin, wann sie welche Überschriften in das Inhaltsverzeichnis übertragen sollen. Das Blanko-Inhaltsverzeichnis kann im Übrigen auch als „Laufzettel" für eine thematische Arbeitsmappe dienen. Es wird dann ausgefüllt als Deckblatt in die Mappe geheftet.

Vorlage 1   **Arbeitsplan zur Freiarbeit**.*doc*

Fach	Mo	Di	Mi	Do	Fr	Sa	So	Mo	Di	Mi	Do	Fr	Sa	So	Mo	Di	Mi	Do	Fr	Sa	So

Vorlage 2   **Gruppenarbeit_Einfachsitzung**.*doc*

Bewertungsschema für die Gruppenarbeit (Einfachsitzung)

____ Gruppe/ Bonus: ◊◊◊◊◊ ◊◊◊◊◊/	☺	😐	☹
Vorbereitung			
Rollenverteilung			
Gesamtes Zeitmanagment			
Zeitbedarf			
Planung des Stundenziels			
Arbeitsphase			
Arbeiten alle?			
Fachspezifische Diskussionen			
Erreichen des Stundenziels			
Gleiche Arbeitsanteile			
Einbindung leistungsschwacher Kinder			
Umgangston			
Lautstärke			
Umgang mit Arbeitsmitteln			
Präsentation			
Beteiligung aller			
Anschauungsmaterial			
Originalität des Vortrags			
Verständlichkeit			
Vollständigkeit des Themas			
Zeitlimit			
Sonstiges (kann auch ganz entfallen)			

Einzelne Schülerinnen und Schüler	Namen				
Ausdrucksweise					
Blickkontakt					
Sprache					
Haltung					
Qualität					
Verhalten in der Gruppe					
Ergebnis					

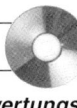 **Vorlage 3**   **Gruppenarbeit_Mehrfachsitzung**.*doc*

Bewertungsschema für die Gruppenarbeit (Mehrfachsitzung)

____ Gruppe/ Bonus: ◊◊◊◊◊ ◊◊◊◊◊/	☺	☺	☹						
Vorbereitung									
Rollenverteilung									
Gesamtes Zeitmanagment									
Zeitbedarf									
Planung des Stundenziels									
Arbeitsphase	☺	☺	☹	☺	☺	☹	☺	☺	☹
Arbeiten alle?									
Fachspezifische Diskussionen									
Erreichen des Stundenziels									
Gleiche Arbeitsanteile									
Einbindung leistungsschwacher Kinder									
Umgangston									
Lautstärke									
Umgang mit Arbeitsmitteln									
Präsentation									
Beteiligung aller									
Anschauungsmaterial									
Originalität des Vortrags									
Verständlichkeit									
Vollständigkeit des Themas									
Zeitlimit									
Sonstiges									
Einzelne Schülerinnen und Schüler	Namen								
Ausdrucksweise									
Blickkontakt									
Sprache									
Haltung									
Qualität									
Verhalten in der Gruppe									
Ergebnis									

 Vorlage 4   **Bewertungstabelle_Gruppenarbeit**.*doc*

Bewertungstabelle als Grundlage für die Benotung von Gruppenarbeit

Gruppen-phasen	Vorbereitungs Phase				Arbeitsphase				Präsentation				Schülerinnen und Schüler				Gesamtnote
Gewichtung	1	2	3	4	1	2	3	4	1	2	3	4	1	2	3	4	
Namen																	

Vorlage 5 — Heftbeurteilung_ab Klasse 5-6.*doc*

Bewertungsschema für die Heftbeurteilung (Klasse 5–6)

Inhalts-verzeichnis	Schrift Mühe gegeben	Rand eingehalten	Datum vollständig	Überschriften unterstrichen	Hervor-hebungen Markierungen	Zeich-nungen	Heft-zustand	Note
☺ ☺ ☒	☺ ☺ ☒	☺ ☺ ☒	☺ ☺ ☒	☺ ☺ ☒	☺ ☺ ☒	☺ ☺ ☒	☺ ☺ ☒	☺ ☺ ☒
Inhalts-verzeichnis	Schrift Mühe gegeben	Rand eingehalten	Datum vollständig	Überschriften unterstrichen	Hervor-hebungen Markierungen	Zeich-nungen	Heft-zustand	Note

Vorlage 6 — Stationslauf_Klasse 5-6.*doc*

Bewertungsschema für einen Stationslauf (Klass 5–6)

Thema: _____ Datum: _____

Orientierungs-bogen geführt	Überschriften aufgeschrieben hervorgehoben	Schrift	Ordnung, Rand, Lineal	Abgabe pünktlich	Lösungen überprüft und korrigiert	Pflicht-stationen bearbeitet	Zusatz-stationen geschafft	Note
1 2 3 4 5 6 ☒	1 2 3 4 5 6 ☒	1 2 3 4 5 6 ☒	1 2 3 4 5 6 ☒	1 2 3 4 5 6 ☒	1 2 3 4 5 6 ☒	1 2 3 4 5 6 ☒	1 2 3 4 5 6 ☒	☺ ☺ ☒

Thema: _____ Datum: _____

Orientierungs-bogen geführt	Überschriften aufgeschrieben	Schrift	Ordnung, Rand, Lineal	Abgabe pünktlich	Lösungen überprüft	Pflicht-stationen	Zusatz-stationen

Vorlage 7 Stationslauf_ab Klasse 7.doc

Bewertungsschema für Stationsläufe mit Schwerpunkt auf formalen Kriterien (ab Klasse 7)

Inhalts-verzeichnis	Karten und Abbildungen ausgemalt	Schrift, Füller, Buntstifte	Zustand der Arbeitsmappe	Texte markiert und Aufgaben bearbeitet	Bearbeitung der Mappe vollständig	Lösungen überprüft und korrigiert	Note:
1 2 3 4 5 6	1 2 3 4 5 6	1 2 3 4 5 6	1 2 3 4 5 6	1 2 3 4 5 6	1 2 3 4 5 6	1 2 3 4 5 6	

Inhalts-verzeichnis	Karten und Abbildungen ausgemalt	Schrift, Füller, Buntstifte	Zustand der Arbeitsmappe	Texte markiert und Aufgaben bearbeitet	Bearbeitung der Mappe vollständig	Lösungen überprüft und korrigiert	Note:

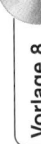

Vorlage 8 Mappen oder Lernzirkel_ab Klasse 7.doc

Bewertungsschema für Mappen oder Lernzirkel (ab Klasse 7) mit Qualitätskriterium

Inhalts-verzeichnis	Karten und Abbildungen ausgemalt	Schrift, Füller, Buntstifte	Zustand der Arbeits-mappe	Texte markiert und Aufgaben bearbeitet	Bearbeitung der Mappe vollständig	Lösungen überprüft und korrigiert	Qualität der Antworten	Note:
1 2 3 4 5 6	1 2 3 4 5 6	1 2 3 4 5 6	1 2 3 4 5 6	1 2 3 4 5 6	1 2 3 4 5 6	1 2 3 4 5 6	1 2 3 4 5 6	

Inhalts-verzeichnis	Karten und Abbildungen ausgemalt	Schrift, Füller, Buntstifte	Zustand der Arbeits-mappe	Texte markiert und Aufgaben bearbeitet	Bearbeitung der Mappe vollständig	Lösungen überprüft und korrigiert	Qualität der Antworten	Note:

Vorlage 9

Portfolio_Qualität_integriert.doc

Portfoliobewertungsschema mit integrierter Qualitätsnote

Schrift	Gestaltung des Blattes	Ordnung,	Stationen vollständig	Fleiß	Qualität	Note
☺ 1 2 ☺ 3 4 ☹ 5 6 ☒	☺ 1 2 ☺ 3 4 ☹ 5 6 ☒	☺ 1 2 ☺ 3 4 ☹ 5 6 ☒	☺ 1 2 ☺ 3 4 ☹ 5 6 ☒	☺ 1 2 ☺ 3 4 ☹ 5 6 ☒	☺ 1 2 3 4 5 6 ☒	☺ ☺ ☹ ☒

Schrift	Gestaltung des Blattes	Ordnung,	Stationen vollständig	Fleiß	Qualität	Note
☺ 1 2 ☺ 3 4 ☹ 5 6 ☒	☺ 1 2 ☺ 3 4 ☹ 5 6 ☒	☺ 1 2 ☺ 3 4 ☹ 5 6 ☒	☺ 1 2 ☺ 3 4 ☹ 5 6 ☒	☺ 1 2 ☺ 3 4 ☹ 5 6 ☒	☺ 1 2 3 4 5 6 ☒	☺ ☺ ☹ ☒

Vorlage 10

Portfolio_Qualität_gesondert.doc

Portfoliobewertungsschema mit gesonderter Qualitätsnote

Schrift	Gestaltung des Blattes	Ordnung	Arbeitsaufträge abgeschrieben	Fleiß, Anzahl der Stationen	Note Qualität	Note gesamt
☺ 1 2 ☺ 3 4 ☹ 5 6 ☒	☺ 1 2 ☺ 3 4 ☹ 5 6 ☒	☺ 1 2 ☺ 3 4 ☹ 5 6 ☒	☺ 1 2 ☺ 3 4 ☹ 5 6 ☒	☺ 1 2 ☺ 3 4 ☹ 5 6 ☒	☺ ☺ ☹ ☒ Note	

Schrift	Gestaltung des Blattes	Ordnung	Arbeitsaufträge abgeschrieben	Fleiß, Anzahl der Stationen	Note Qualität	Note gesamt
☺ 1 2 ☺ 3 4 ☹ 5 6 ☒	☺ 1 2 ☺ 3 4 ☹ 5 6 ☒	☺ 1 2 ☺ 3 4 ☹ 5 6 ☒	☺ 1 2 ☺ 3 4 ☹ 5 6 ☒	☺ 1 2 ☺ 3 4 ☹ 5 6 ☒	☺ ☺ ☹ ☒ Note	

CD-Vorschau

Vorlage 11 **Banko-Beurteilungsschema_klein.**_doc_

Blanko-Bewertungsschema – klein (6 Spalten)

Vorlage 12 **Banko-Beurteilungsschema_groß.**_doc_

Blanko-Bewertungsschema – groß (8 Spalten)

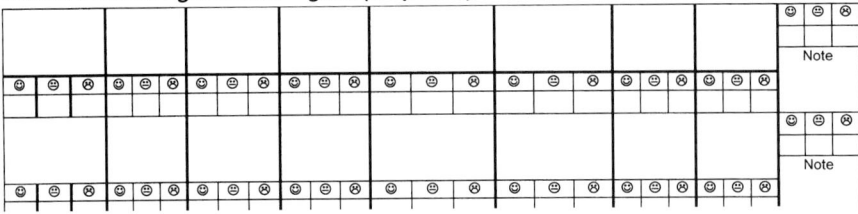

Vorlage 13 **Banko_Qualität_gesondert.**_doc_

Blanko-Bewertungsschema mit gesonderter Qualitätsnote

Literaturverzeichnis

Bauer, Roland:
Schülergerechtes Arbeiten in der Sekundarstufe I.
Lernen an Stationen.
Cornelsen Scriptor, Berlin 1997.

Hecker, Ulrich:
Mit Freiarbeit erfolgreich in der Sek.I.
Verlag an der Ruhr, Mülheim an der Ruhr 2000.

Herrmann, Joachim/Höfer, Christoph:
Evaluation in der Schule – Unterrichtsevaluation.
Berichte und Materialien aus der Praxis.
Verlag Bertelsmann Stiftung, Gütersloh 1999.

Klein, Kerstin:
So erklär' ich das!
60 Methoden für produktive Arbeit in der Klasse.
Verlag an der Ruhr, Mülheim an der Ruhr 2002.

Klippert, Heinz:
Methodentraining. Beltz, Weinheim 2000.

Klippert, Heinz:
Eigenverantwortliches Arbeiten und Lernen.
Beltz, Weinheim 2001.

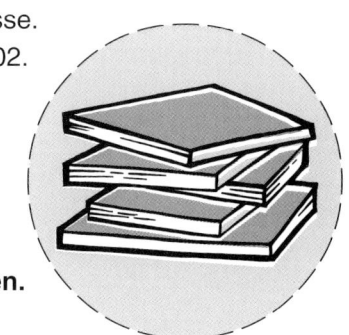

Klippert, Heinz:
Kommunikationstraining. Beltz, Weinheim 2000.

Klippert, Heinz:
Teamentwicklung im Klassenraum. Beltz, Weinheim 2002.

Morgenthau, Lena:
Was ist offener Unterricht?
Wochenplan und Freie Arbeit organisieren.
Verlag an der Ruhr, Mülheim an der Ruhr 2003.

Realschule Enger:
Lernkompetenz I+II. Bausteine für eigenständiges Lernen 5./6.
Cornelsen Scriptor, Berlin 2001.

Schmitt-Hartmann, Reinhard:
**Methodik: neuer Spaß am Lernen für
Schülerinnen und Schüler 6.–9. Klasse.**
Beltz, Basel 1995.

Neumeister, Stephanie:
Literaturkartei: „Die Vorstadtkrokodile".
Verlag an der Ruhr, Mühlheim an der Ruhr 1996.

Weber, Anders:
Was ist Werkstatt-Unterricht?
Verlag an der Ruhr, Mülheim an der Ruhr 1998.

Wir und unsere Vergangenheit. Arbeitsheft für Geschichte (Heft 2).
Stockmann-Verlag, Bochum-München.

Hoffmann, Sonja:
Lyrik zum Anfassen. Produktionsorientierter Unterricht mit
Gedichten in der Sekundarstufe I.
Persen Verlag, Horneburg 1996.